集体林主要经营形式的差异性及绩效研究

——以福建省三明市为例

申津羽 著

中国农业出版社

北 京

图书在版编目（CIP）数据

集体林主要经营形式的差异性及绩效研究：以福建省三明市为例／申津羽著. —北京：中国农业出版社，2022.6

ISBN 978-7-109-29567-4

Ⅰ.①集… Ⅱ.①申… Ⅲ.①集体林－产权制度改革－研究－中国 Ⅳ.①F326.22

中国版本图书馆 CIP 数据核字（2022）第 106375 号

中国农业出版社出版

地址：北京市朝阳区麦子店街 18 号楼

邮编：100125

责任编辑：王秀田

版式设计：杜　然　责任校对：周丽芳

印刷：北京中兴印刷有限公司

版次：2022 年 6 月第 1 版

印次：2022 年 6 月北京第 1 次印刷

发行：新华书店北京发行所

开本：700mm×1000mm　1/16

印张：11.5

字数：220 千字

定价：68.00 元

前　言

　　林业经营作为可持续林业发展的主题，对于森林生态系统和社会经济的稳定和谐发展尤为重要。我国新时期集体林权制度改革是以"兴林富民"为目标，使林农经营权责利相统一的一项具体改革，林改后逐步形成了林业经营主体多元化、林业经营形式多样化的格局。不同的经营形式直接关系到林业经营水平、经营效率的高低，关系到新时期集体林权制度改革最终目标"生态得保护，林农得实惠"的实现。因此，系统分析不同的林业经营形式内在生成逻辑、经营效率以及综合绩效的差异对推动进一步深化林改，完善林改配套政策显得尤为迫切。

　　林业经营理论作为林业科学体系的重要组成部分，必须通过具体的林业经营形式加以实践，才能对林业经营活动进行指导。同时林业经营形式又是林业生产经营活动具体组织形式的体现。因此，林业经营形式问题的研究具有较强的复杂性，不仅涉及森林资源经营理论，而且也是产权制度中解放生产力、调整生产关系的具体活动。客观认识林权制度改革背景下不同林业经营形式的形成机制及其差异，分析林农对不同经营形式选择的影响因素，评价不同经营形式的经营效率和综合绩效，并在此基础上探索出不同林业经营形式在现行政策中存在的问题，得出相应的结论，是对林业经营理论的进一步贡献，同时也为今后制定林权制度深化改革意见及其配套政策提供重要的理论依据。

　　集体林权制度改革已进入深化阶段，经营主体利益的实现及经营取向已成为了林改的重要问题之一。因此，本研究选取我国集体林权制度最具典型代表的区域——福建省三明市作为研究对象，基于制度变迁理论、有限理性理论、产权理论及可持续发展理论，采用描述性统计分析、主成分分析、多元 Logistic 回归模型、三阶段 DEA 模型等多种方法，以三种主要的林业经营形式（单户经营、联户经营和股份合作经营）作为研究对象，以期为三明市集体林经营水平的提高、林业经营形式创新体系的构建及推动全国集体林进一步深化改革提供可资借鉴的重要依据。

目 录

第1章 引　言

1.1　研究背景及问题提出

1.1.1　研究背景

集体林既是国家宝贵的森林资源，也是林区农民主要的生产要素。据第八次全国森林资源清查，全国森林面积 2.08 亿公顷，森林覆盖率 21.63%，森林蓄积 151.37 亿立方米；有林地面积 19 117 万公顷，其中集体林面积 11 740 万公顷，占 61.41%；国有林面积 7 377 公顷，占 38.59%①。同时，我国山区面积占国土面积的 69%，山区人口占全国人口的 56%，全国 2 100 多个县（市）中，有 1 500 多个在山区。因此，集体林区的林业发展，对于我国的木材安全和农村社会经济的发展尤为重要。中华人民共和国成立以来，我国围绕集体林权制度改革，主要经历了中华人民共和国成立初期土改时期的分林到户、农业合作化时期的山林入社、人民公社时期的山林统一经营和改革开放初期的林业"三定"四次变动，这四次变革均与当时的历史条件相适应，并取得了一定成效（贾治邦，2007）。但集体林经营管理体系仍存在产权不够明晰、经营机制不灵活，以及经营主体收益缺乏相关保障体系等问题，严重制约了林业生产力的发展，直接影响了集体林区的林业乃至整个农村经济的发展。

为此，中共中央、国务院于 2003 年 6 月联合下发了《关于加快林业发展的决定》，《决定》要求要完善林业产权制度，并在福建、江西、辽宁等地率先开展以"兴林富民"为根本目标，"明晰所有权、放活经营权、落实处置权、确保收益权"为主要内容的集体林权制度改革试点工作（张蕾，2007），首次确立了林农享有林地承包经营权的经营主体地位。因此，集体林权制度改革被誉为继"家庭联产承包责任制"之后的"第二次土地革命"，不仅是我国农村经营制度的重大举措和重大变革，同时也是土地家庭承包经营制度在林业上的丰富和发展，涉及我国广大农民的切身利益。改革成功与否将对我国农村经济

---

① 数据来源：http://www.forestry.gov.cn/gjslzyqc.html.

社会发展、国民经济结构转型以及可持续发展产生深刻的影响。为进一步解放和发展林业生产力、增加农民收益、建设生态文明、全面推进集体林权制度改革，中共中央、国务院在 2008 年 6 月颁布了《中共中央 国务院关于全面推进集体林权制度改革的意见》（中发〔2008〕10 号），标志着集体林权制度改革在全国范围的全面展开，随后 2009 年 6 月召开的中央林业工作会议上，中共中央 国务院提出要在 5 年内基本完成集体林权制度改革，使得此次改革得以进一步深化推进。

据国家林业局统计，截至 2012 年年底，全国已有 29 个省（自治区、直辖市）基本完成了明晰产权、承包到户的改革任务，全国已确权集体林地 18 013.33 万公顷，占各地纳入集体林权制度改革面积的 99.05%，确权发证工作基本完成。全国累计发证面积 17 360 万公顷，占已确权林地总面积的 96.37%，发证户数 8 981.25 万农户，占涉及林改总农户数的 60.01%。26 个省（自治区、直辖市）建立了地方森林生态效益补偿基金制度。林权抵押面积累计 5 780.49 万亩[*]，贷款金额达到 792.31 亿元。森林保险快速发展，投保面积累计 9.15 亿亩，保费 10.92 亿元。全国成立县级及以上的林权交易服务机构 1 186 个，林业专业合作组织 11.15 万个[①]。

新时期的集体林权制度改革，将集体林以分林到户的形式分配给农户，明晰了产权，使农户从事林业生产经营的积极性空前高涨。林地经营权属结构的改变，使农户不仅拥有了林地经营权和收益权，而且对于经营形式（如：家庭承包经营、联户经营、股份合作经营）的选择也较以往更具自主性和自由性。林改后，林农根据自身拥有林业资源情况和自身经营特征，选择采取与之相适应的经营形式以实现其林业经营目标，形成了多种经营形式共同发展趋势。2013 年 11 月党的十八届三中全会通过了《中共中央关于全面深化改革若干重大问题的决定》，《决定》指出要始终坚持家庭经营在农业经营形式发展中的基础性地位，加快推进集体经营、合作经营及企业经营等多种经营形式的共同发展、创新新型经营体系构建。这标志着我国林业改革也进入了新的发展阶段，同时也对林业经营提出了新的要求和挑战，以家庭承包为主体，多种新型经营形式快速发展。不同的经营形式直接关系到林业经营水平、经营效率的高低，关系到新时期集体林权制度改革最终目标"生态得保护，林农得实惠"的实现。2014 年 11 月中共中央办公厅、国务院办公厅印发《关于引导农村土地经

---

[*] 亩=1/15 公顷。

[①] 数据来源：《2013 年中国林业发展报告》。

营权有序流转发展农业适度规模经营意见》指出土地流转和适度规模经营有利于优化土地资源配置和提高劳动生产率，发展多种形式的适度规模经营是未来农村改革的方向。因此，本研究对于林改后不同林业经营形式的差异性、林农选择不同林业经营形式的影响因素、测量不同林业经营形式的经营效率、评价各种经营形式的综合绩效及林农对于现行林改问题的认知等问题的研究也是林改研究的关键，是实现森林生态效益、农户经济收益增加以及集体林区可持续发展的重要途径之一。

1.1.2　问题提出

自 2003 年在全国范围内开展的集体林权制度改革以来，林改各项工作有序展开，现代林业产权制度正在逐步形成，林改已取得一定成效，初步形成了"民富兴林、生态好转、经济发展、社会和谐"的良好趋势。林改后，农户林业经营中权责利相统一，就业和收入明显增加，社会资金等生产要素加快向林业流动，逐步形成了林业经营主体的多元化，林业经营形式的多样化。然而，研究究竟为何会产生不同的林业经营形式，不同经营形式有哪些差异，林农选择不同经营形式的主要影响因素是什么，各种经营形式的经营效率如何，综合绩效有何差异，及现行政策存在的问题等对于巩固林改成果，推动进一步深化林改，完善林改配套政策显得尤为迫切。基于此，本研究基于制度变迁理论、有限理性理论、产权理论及可持续发展理论，采用描述性统计分析、主成分分析、多元 Logistic 回归模型、三阶段 DEA 模型、AHP-模糊综合评价的方法，选择中国集体林权制度改革较为成功、集体林经济发展较为良好的福建省三明市作为研究区域，以三种主要的林业经营形式（单户经营、联户经营和股份合作经营）作为研究对象，以期为三明市集体林经营水平的提高、林业经营形式创新体系的构建及推动全国集体林进一步深化改革提供可资借鉴的重要依据。

1.2　研究目的与意义

1.2.1　研究目的

本书的研究目的是在集体林权制度改革不断深化、构建新型林业经营主体、林业经营形式创新机制的新要求下，以福建省三明市为具体的研究对象，运用制度经济学的基本理论，在对三明市集体林权制度改革后出现不同林业经营形式的现状和特点进行系统的梳理和分析的基础上、分析不同林业经营形式的形成机制及经营管理的差异性；进而在影响林农对选择不同林业经营形式的因素、不同林业经营形式的综合效率及生态、经济、社会绩效进行系统深入分析的基础上，客观认识集体林不同经营形式存在的问题，进而提出相应的对策和建议，促进林业经营水平的提升、林农收益的增加，为推动三明市进一步深化林改和相关配套政策的制定提供科学依据。具体的研究目标如下：

第一，从三明市林权制度的演变历史出发，对三明市各区域的林业经营形式现状特征及发展变化情况进行梳理。第二，通过对林业不同经营形式之间的转换机制的一般分析，总结不同经营形式在权属、经营管理、资产使用及应对风险方面的差异，同时基于实地调研分析不同经营形式农户的自身特征、家庭特征及资源特征。第三，基于有限行为理论，首先了解影响林农投入林业经营意愿的影响因素，再运用主成分分析与多元 Logistic 回归，分析影响林农选择不同经营形式的主要因素。第四，采用三阶段 DEA 方法，对单户经营、联户经营和股份合作经营的综合效率问题进行客观测量。第五，基于可持续发展理论，通过 AHP -模糊综合评价法，构建林业经营综合绩效评价体系，选取指标体系，分析不同经营形式的综合绩效水平；在此基础上，分析不同林业经营形式的适宜范围，以提高林业经营水平为目标，提出具有针对性的政策建议，以期巩固集体林权制度改革的成果，为进一步深化林改和相关配套政策的制定提供科学的依据。

1.2.2 研究意义

1.2.2.1 学术意义

林业经营理论作为林业科学体系的重要组成部分，必须通过具体的林业经营形式加以实践，才能对林业经营活动进行指导。同时林业经营形式又是林业生产经营活动具体组织形式的体现。因此，林业经营形式问题的研究具有较强的复杂性，不仅涉及森林资源经营理论，而且也是产权制度中解放生产力、调整生产关系的具体活动。客观认识林权制度改革背景下不同林业经营形式的形成机制及其差异，分析林农对不同经营形式选择的影响因素，评价不同经营形式的经营效率和综合绩效，并在此基础上探索出不同林业经营形式在现行政策中存在的问题，得出相应的结论，是对林业经营理论的进一步贡献，同时也为今后制定林权制度深化改革意见及其配套政策提供重要的理论依据，研究具有较高的学术价值。

1.2.2.2 实践意义

集体林权制度改革已进入深化改革阶段，经营主体利益的实现及经营取向已成了林改的重要问题之一。因此，本研究选取我国集体林权制度最具典型代表的区域——福建省三明市作为研究对象，从制度经营学视角出发，运用多种计量分析方法对不同林业经营形式的差异性、影响林农选择不同经营形式的主要因素、不同经营形式的效率、综合绩效及现行政策存在的问题进行系统的定性、定量分析。在此基础上，提出相应的对策建议，对于巩固林改成果、提高林业经营水平，推动三明市进一步深化改革有重要的现实意义，同时也对全国集体林权制度改革的不断推进提供重要的现实参考。

1.3　研究思路与技术路线

1.3.1　研究思路

本书的研究思路主要围绕着四个核心问题展开，不同的林业经营形式的差异性都体现在哪些方面？什么影响了农户对于不同林业经营形式的选择？不同的林业经营形式的经营效率有什么差别？哪一种林业经营形式的综合绩效更好，适应的范围是什么？本研究通过对林业经营相关概念的明确界定，首先从林业经营的特征出发分析了不同林业经营形式的差异性；然后通过计量经济模型的实证分析，运用主成分分析、多元 Logistic 回归方法，从农户角度对福建省三明市的不同林业经营形式的选择差异进行分析；系统运用三阶段 DEA 效率测量模型，测量三明市不同林业经营形式的经营效率；运用 AHP 和模糊综合评价构建指标体系评价不同林业经营形式在生态、经营、社会三个方面的绩效，采用一般描述统计基于不同林业经营形式的农户对现行政策存在的问题及不同经营形式的适宜范围进行分析，最后根据以上分析和结论，提出相关对策建议。本研究主要内容的逻辑结构如图 1-1 所示：

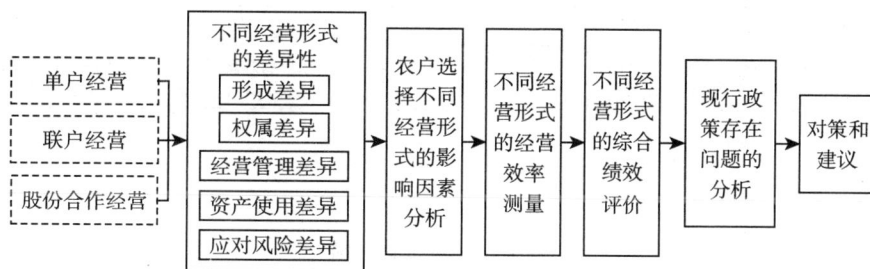

图 1-1　主要研究内容逻辑结构图

1.3.2　技术路线

本研究是基于林改示范区域福建省三明市为主要研究区域的一个具体实证

研究，基于研究目标、相关理论及国内外林业经营形式的相关研究，结合三明市林业经营形式的现状，制定研究方案和计划，搜集市级层面、县级层面、村级层面的二手资料；进行实地农户调研，搜集一手数据。在此基础上，对数据进行处理和分析，最终提出相应的对策和建议，技术路线如图 1-2 所示。

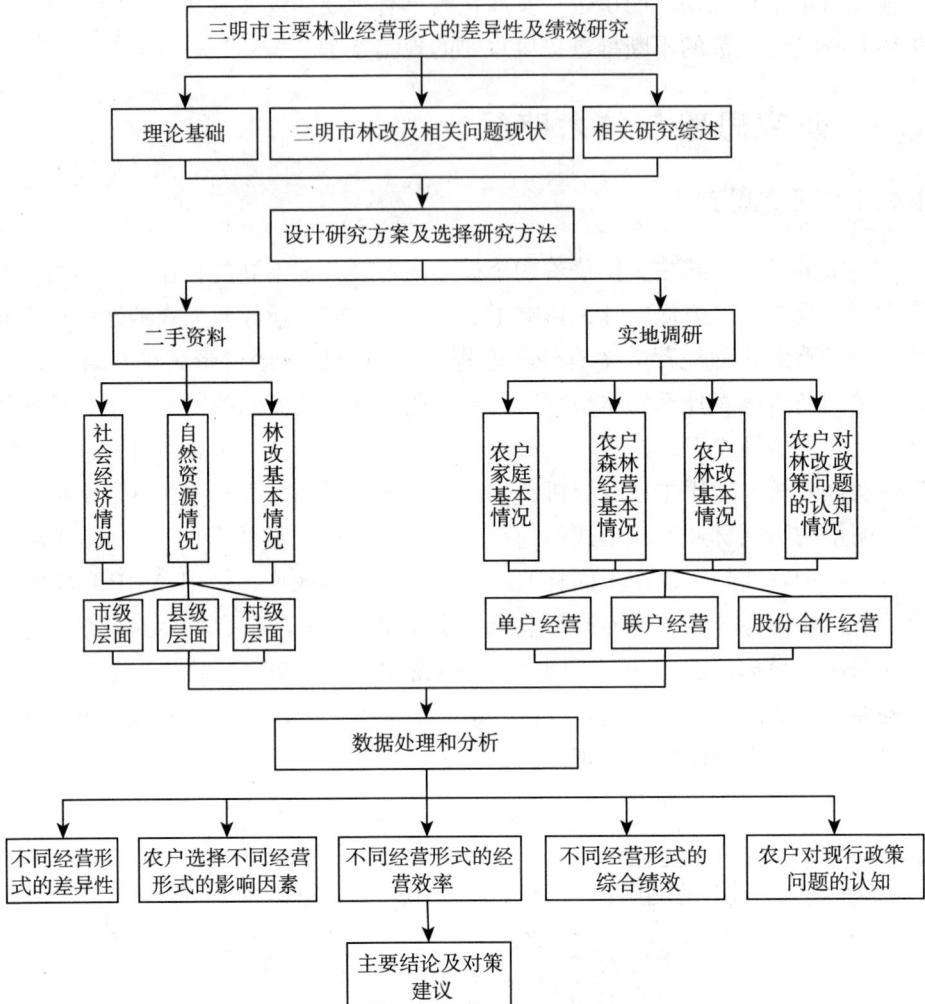

图 1-2　技术路线图

第2章 理论基础及相关研究综述

任何研究都需要建立在科学的理论基础和明晰的概念之上，科学的理论是科学研究的前提，明晰的概念是科学研究的保证。不同林业经营形式的经营问题涉及多领域多学科，本章旨在明确界定相关概念、梳理相关研究文献、借鉴相关理论，为本书的研究提供基础。

2.1 相关概念的界定

2.1.1 林业经营

2.1.1.1 林业经营的概念及内涵

经营是一种实际的综合性活动，是经营主体在特定的环境中通过决策及其实施，运用实际归自己占有、支配和使用的土地、资金、劳动力、技术等生产要素进行合理配置，以形成现实生产力，依据现有的生产资料等资源实现既定目标的经济活动。

林业经营是指一种以森林资源为对象，以获得林木及其他林产品或者生态效益为目的开展的一系列的经营管理活动。在本研究中，林业经营是指经营主体为了获得林木和其他林产品收益，从宜林地上形成森林起到采伐更新时止的整个生产经营活动。具体包括更新造林、森林的日常抚育、低效林改造、森林防火、林木病虫害防治及采伐管理等。因此，森林资源是衡量林业经营成效的根本标志。从广义上讲，林业经营还包括对森林调查和规划设计、林地利用、木材采伐利用、林区动植物利用、林产品销售、林业资金运用、林区建设和劳动安排、林业企业经营管理以及森林生态效益评价等。

林业经营的内涵主要包括以下两点：首先，充分利用森林资源，即增大森林面积，提高森林蓄积，综合利用生物资源（森林内的野生动植物、微生物）及非生物资源（土地、矿产、水）等，不断满足社会及国家对林业的物质（林木产品、林副产品）及非物质（涵养水源，保持水土，防风固沙，吸收二氧化碳、森林游憩及森林文化）等日益增长的需要；其次，确保森林资源的可持续性，即注重繁衍林种、树种及野生动物植物的延续性，实现森林生态系统及整个社会经济系统可持续发展（Clawson，2013）。

2.1.1.2 林业经营的基本原则及特点

林业经营必须遵循一定的基本原则，即在保证生态优先的基础上，实现森林资源的永续利用。森林资源作为重要的自然资源是构成生态环境的主要组成部分，在森林资源培育和利用的过程中，应该始终将森林生态效益的实现放在优先位置，然后才是开发利用，只有这样才能保证森林多功能效益能得到持续发挥。在全球气候变暖、环境日益恶化的情况下，森林永续利用已由单一木材的永续利用逐步转向资源多功能（包括生态功能、社会功能）的永续利用（Baskent et al.，2008）。

林业经营的特点主要是由林业的特殊性所决定的，森林生产周期长、风险性高，因此林业经营具有资金投资回收期长、周转慢等特点，且在经营过程中需要面对自然和市场两方面的风险，林业经营所产生的非物质收益（生态和社会）难以测量。由于目前我国对林业经营的实物收获木材实行采伐限额政策，严格控制采伐量，因此林业经营还受国家政策的影响。

2.1.2 林业经营理论

经营理论，即经营思想和经营理论的模式。具体而言，一个国家在一定时期内采取哪一种林业经营模式是根据国家当时的社会经济发展水平及林业生产力水平等因素共同决定的，因此有可能最为理想的林业经营模式不一定与一个国家当时特定社会经济发展阶段及特定的林业生产力水平相匹配（Kangas，2006）。目前，世界各国林业经营模式各具特色，对于林业经营形成了许多学派和经营理论，主要包括：森林永续利用理论、森林多功能理论及林业可持续发展理论等多种林业经营理论，而在我国林业生产中起主导作用的是林业分类经营理论（陈柳钦，2007）。

2.1.2.1 森林永续利用理论

1713 年德国 Carlowitiz 首先提出了森林永续利用（Sustained Yield of Forest）理论，在当时，17 世纪中期的德国由于工业革命的发展，木材需求量增大，原始森林被大量采伐，给森林带来了空前的灾难性破坏，引起 18 世纪初期的"木材危机"，这一危机使德国人意识到森林资源并非取之不尽用之不竭的，因此在 1795 年，德国著名林学家 G. L. Harting 提出了"木材培育论"，提倡以人工造林获得木材来实现森林永续利用经营，然而该理论实际追求的是木材永续利用经营，忽略了森林的生态和社会效益。在德国 19 世纪中期出现了大面积的阔叶林变成了针叶林、人工林比重达到 99% 的局面，森林生物多样性遭到严重破坏。因此，在总结前人经验的基础上，森林经济学家 J. C. Hurdeshagen 创造了"法正林"（Normal Frost），其核心思想是要求永远不断地从森林获取等量的木材，即年木材采伐量等于年生长量实现森林永续利用。法正林理论是森林永续利用理论的核心。这一理论作为森林资源经营管理中的经典理论，为当时德国林业经营理论的发展乃至世界各国林业经营理论的发展都奠定了坚实的基础，其最大的贡献在于让人类意识到森林并非用之不竭，对森林的永续利用应在科学培育的基础上进行适度的开发利用。

2.1.2.2　森林多功能论

森林多功能的思想，其实起源于森林永续利用理论，是指充分发挥森林的多种效益，不仅要持久地满足人类对于木材及其他林产品的需求，同时要实现森林生态效益和社会效益的永续利用。因此，1905 年德国学者 Endres 提出了"森林多功能理论"，指出森林的福利效益除了经济效益以外，还包括森林对于生态系统平衡及提供休憩场所等多种效益。随后 20 世纪 50 年代，德国根据森林多种效益永续利用的林业政策确定了林业的双重目标，并在 60 年代开始推行森林多功能理论，进入森林多效益经营阶段。当时，世界各国受德国"森林多功能理论"的影响，纷纷开始采用这一理论，制定林业发展战略，指导林业经营活动尤其在美国、瑞典、奥地利、日本、印度等国均取得了很大的进展。这一理论使人类全面认识森林的多样化产物，同时强调注重集森林三大效益为一体化的经营模式，以充分实现森林多种效益为目标。

2.1.2.3　林业分工理论

在 20 世纪 70 年代后期，美国林业经济学家 M. Clausen、R. Sergio 和 W. Heidi 等人在森林多效益主导利用的经营思想下，提出了"林业分工论"。从本质上讲，这一理论也是森林多功能理论的一种实现形式，指出根据不同的林地条件采用不同的经营形式，以实现不同的经营目标。具体而言，在优质林地上进行集约经营，充分发挥森林的生产潜力，且逐步趋于单一化形成类似"商品林"经营，承担起全国对商品材的需求任务；而在林地立地条件较差的区域实施"公益林"经营，主要承担改善城市生态环境的作用；"多功能林业"则是林地条件介于两者之间，兼具商品林和公益林的生态功能。目前，世界上许多国家如法国、新西兰、澳大利亚等国均采用这一理论"分类区划、分类指导、分类施策"进行林业经营。可见，这一理论是促使森林经营方向朝专业化发展，而非实现森林的三大效益一体化。

2.1.2.4　新林业理论

1985 年美国华盛顿大学著名林学家 J. F. Franklin 综合森林经营学、森林生态系统及景观生态学等学科提出了"新林业（New Forestry）"理论，旨在调节林业生产与保护之间的矛盾，解决当时美国西北部成熟林过熟林的经营问题，突出生态效益优先的思想。强调所有森林经营管理相关活动的开展，不仅应当基于生态系统稳定性的维持和生物多样性的保护，同时要充分吸取森林永续经营思想中的合理部分，注重林业多功能（生态、经济、社会效益）的发挥，这一理论对当时美国国有林的改革和实践发挥了重要作用，有效解决了传统林业生产与生态保护相互独立的问题，将森林资源作为一个不可分割的整体，以实现森林资源生态、经济、社会价值的相互统一，因此林业经营不但要强调永续生产木材及其他林产品，同时要保护生态环境和森林资源的社会效益。

2.1.2.5　森林可持续发展理论

在 20 世纪全球生态环境问题日益恶化背景下，森林资源受到严重破坏、生物多样性急剧减少等问题引起了各国政府的高度关注。森林可持续经营作为可持续发展中的重要部分在世界环境与发展大会上被提出，旨在实现森林生态系统的生产力、物种、遗传多样性及再生能力的"可持续"，确保有丰富的森林资源与良好的环境，满足当代和子孙后代的需要。各国应尽快针对自身情况制定相应的林业发展政策来制止一系列对森林多功能效益的破坏行为，不断提高林地生产率实现森林的可持续发展。这一理论是基于可持续发展和生态经济理论，结合林业经营的特点形成的林业经营指导思想。目前，世界许多国家都在按照这个新的理论来研究和制定各国的 21 世纪议程林业行动计划。各个国家结合自身情况都制定了森林可持续发展思想，如德国的"近自然林业"即充分发挥森林的自我恢复和自我调控功能，使森林的三大功能总是处于最佳状态（邵青还，2004）、加拿大的"可持续林地管理"及美国的"森林生态系统经营"等经营管理形式，其实都是可持续发展理念的具体体现。

2.1.2.6　我国林业经营理论

我国在几十年林业发展的曲折道路基础上，不断吸收国外林业经营理论，充分考虑了中国的国情，在强调森林的永续利用的基础上，主张林业分类经营，即实施以国家投入为主的"生态公益林"及以市场为主导的"商品林"分类经营管理。这一理论不仅是由于当时建立社会主义市场经济的要求，更是我国林业自身特征、急需转变发展模式的内在需求以及不断增加林业发展活力的历史必然（张蕾，2007）。

目前由于全社会对森林生态功能需求日益加强，根据这一方针，我国从宏观调控的角度出发，不同区域森林的作用应当有所差别，以实现"地域分工、分类经营、总体协调、效益最佳"，例如将不同区域划分为生态脆弱区（如陡坡）、生态地位非常重要区（河流上游、水库周围）和一般区域等；同时以分类经营为指导思想，我国根据《中华人民共和国森林法》将森林分为五类：用材林、经济林、薪炭林、防护林、特种用途林。其中，前三类称为商品林主要用于商业目的；后两类称为公益林主要用于社会公益目的。因此，公益林和商品林在资金投入政策、经营管理、森林流转政策、采伐政策和划分和批准的权限这几个方面都有所区分。商品林的经营管理通过市场机制来实现经济效益最大化的经营目标，在经营活动中，以类似企业化管理模式，根据市场的需求调整生产要素（资金、劳动力、林地）投入、经营计划及生产产品的组合等，而公益林主要由国家使用财政资金采取公益林生态补偿的形式对公益林进行经营管护。

综合而言，我国实现林业分类经营的最终目标也是实现森林的可持续经营，进而满足社会对于森林生态效益、木材、其他林产品以及社会服务功能的需求。虽然我国在商品林和公益林的经营管理体制及经营机制中已取得的一定成绩，但仍需积极探索，深化林业制度改革，更好地有助于森林多种效益的发挥。

2.1.3　林业经营形式

2.1.3.1　林权、林权制度概念及特点

林权是包括林木、林地在内的一种具体的森林资源权属形式，具体包括了权利主体对客体森林、林木、林地的所有权、使用权、收益权和处置权等。我国自 2003 年以来的集体林权制度改革就是将"明晰所有权、放活经营权、落实处置权、保障收益权"作为主体改革的主要内容。本研究就是围绕林权制度改革的主体改革这四项目标为基础，对林权制度改革以后三明市的各种主要林业经营形式进行分析研究。在本研究中，明晰所有权，就是把集体林的林地使用权、林木所有权落实到单户、联户或其他经济实体，并确权发证；放活经营权：是指在《森林法》和有关法律、法规及相关技术规程的规范下，适当放活、放宽对林地和林木的经营权；落实处置权：是指林权所有者对森林、林木和林地依法进行处置的权利，主要是指对林木依法流转和对生产的木材及其产品的处分权，包括继承权、流转权、担保抵押权；保障收益权：是指确保林权

所有者在经营林木或林地过程中应该获得收益的权利。

林业产权制度是对森林资源产权所包含的所有权利的界定和规范（徐秀英，2006）。林业产权本质上是物权的一种，是森林资源财产权在法律上的具体体现，是一组权利的集合概念。在社会主义生产资料公有制条件下，在我国依据不同的法律制度，林权有不同的归属，具体如表2-1所示。

表2-1　林权的归属及依据

资源	产权	归属	依据
林地	所有权	国家、集体	《中华人民共和国土地管理法》和《中华人民共和国森林法》
	使用权	国家、集体、个人	
林木	所有权	国家	根据法律规定，无论是林地还是林木，其所有权都归国家所有，国有林由国有林场或者国有的林业企业进行经营管理，国有林业企业事业单位对其所有权范围内的森林资源（林地林木）依法享有占有、使用、处理的权利。国有林地的特点是集中连片，有林地多，疏林地少，荒地少
		集体	根据法律规定，农村集体经济组织对于森林资源（林地、林木）享有所有权，并且可以依法使用和处置归集体所有的林地和林木。归集体所有的林地一般有以下几种形式：农民的自留山、农民承包经营的林地（责任山）、股份林场统一经营的林地、集体统一经营管理的林地等
		个人	根据我国相关法律规定，集体林权制度改革分林到户以后的林地使用权和林木所有权可以归个人所有。农民可以依法对自留山、责任山以及林改以后分林到户的林地和林木进行生产经营管理、直接和间接的流转等活动

2.1.3.2　林业经营形式的概念及影响因素

经营形式是一种生产组织方式，是生产资源各要素的有机结合。它由生产资料所有制形式，即经济形式决定，是生产关系在生产过程中的具体表现（黄森慰，2008）。根据《中国大百科全书》对林业经营形式的定义，林业经营形式是指组织林业生产经济活动的方式和方法，从属于社会经济制度，是生产关系本质特征的反映，是生产资料所有制的形式，受生产资料所有制形式的制约，并与生产力发展水平相适应。

林业经营形式，是在一定的所有制条件下，通过林业生产、再生产过程诸环节，体现了劳动者与生产要素组合的方式、规模及责、权、利关系（沈月琴，李兰英等，2000）。为了使林业生产高速发展，必须根据不同的经济形式及其不同层次的情况采取与之相适应的经营形式，把潜在的生产力变成现实的生产力。林业经营形式是一个复杂的问题，影响因素多，主要包括：生产力发展水平、林业生产特点、森林资源的状况、经营特点等。

2.2 相关理论基础

2.2.1 制度变迁理论

中华人民共和国成立以来，所有集体林权制度改革本质上都是一种新制度代替旧制度的过程，且这种变迁是由国家政府为主导的强制性变迁。因此，以制度变迁理论为基础对我国集体林权制度演变的深层次原因进行分析，有助于更好地探究集体林权制度改革后不同林业经营形式的发展问题。

2.2.1.1 制度的概念

制度（Institution）实质上是一种人们从日常生活生产中总结和提炼出的一套约束行为的机制。制度是对人们能够做什么、不能做什么的一种行为约束，可以是正式的约束性规则，也可以是非正式的一些约束，涉及社会、政治及经济等多种行为（舒尔茨，1994）。制度为人类提供了一种人们之间相互影响的框架，同时也建立起了一种竞争与合作关系，形成了一系列被用于约束特定行为与相互关系的行为准则（拉坦，1994）。诺斯认为制度是一种旨在约束追求主体福利利益最大化的一系列规则、程序和道德规范（诺斯，1994）。制度与人的动机、行为有着内在的联系，制度的功能主要体现在对人类活动的影响。

2.2.1.2 制度变迁理论及其分类

制度变迁理论的核心就是一系列制度安排发生变化的过程，具体而言就是旧制度由于诸多不适应性需要被新的制度替代的过程。诺斯认为制度变迁的本质就是创立新的制度、并随着时间的变化改变制度方式，对原有的制度进行更新，即任何的制度都有一个制度创立、制度发展以及制度消亡的过程。只要制度创新能够带来高收益和高效率，便会出现新的制度需求，进而就产生了制度变迁的动力。根据产权理论衍生出来的制度变迁理论的说法，根据最小化成本和最大化收益的原则，高效率制度势必会淘汰低效率的制度，从而实现制度的变迁过程。

若按照政府参与制度变迁程度的差异性来分，可以将制度变迁分为诱致性制度变迁（Induced Institutional Change）和强制性制度变迁（Mandatory Institutional Change）两类。其中，诱致性制度变迁产生的根本动力在于现有的制度不能满足经济增长的需求，需要新的制度来加以促进，或者是由于知识和科技的进步引起了新的制度变化。而强制性制度变迁是指由政府制定政策进行强制推行的变迁。根据诺斯的理论，个人自愿的制度安排都应该属于诱致性制度变迁，而政府直接进行制度安排的应该属于强制性制度变迁。

2.2.1.3 在本研究中的借鉴

不同林业经营形式的产生就是一系列的制度安排。林业经营形式的演化过程就是一个制度变迁的过程。在林业经营形式这一制度的变迁中，南方集体林林权制度改革和林业发展的历史进程中，存在多个利益相关群体的博弈。作为不同的经营主体，在林改的不同时期，不同利益主体的利益获取方式存在着显著的差异。也正是经营主体多样化的特点，导致了我国林业政策的多变，使得各利益相关者由于政策多变，在林业发展的过程中浪费了诸多成本和代价。因此，林权制度改革应该是一个强制性制度变迁和诱致性变迁相结合的过程，在改革过程中要充分考虑各利益群体的利益最大化问题，注重制度改革过程中的各利益群体关系协调和处理。

2.2.2 有限理性理论

经济学对人类行为的分析首先设计对人的假设问题。传统经济学的逻辑起点和核心概念是将选择的主体（人类）视为完全理性人即追求财富最大化，然而传统经济学中的"完美理性"假设与现实明显相悖，因此，现代经济学从现实的人出发，提出了"有限理性"假设，以期更好地探究人类行为和制度之间的关系（卢现祥，2012）。一个经济行为主体，其决策选择和经营活动具体的实施过程决定了其经营目标是否能够实现。因此经济活动主体对一个具体经营活动决策的方式、依据以及信息的接收程度，都是农户经济行为研究中的重要内容。集体林权制度改革从根本上赋予了农户对于林地的所有权、林木的使用权，最大化地激励了农户从事林业经营，林农在林业经营形式的选择上具有更大的自主性和自由性。

2.2.2.1 有限理性的内涵

古典经济学家以亚当·斯密为代表的一些学者，指出人的本性是由利己欲望和互利道德理性两部分组合而成的矛盾共同体，最关心的始终是自身利益的实现。进一步而言，他对"经济人"假设的前提进行了说明，包括现在情况与未来变化的一致性以及所有可选方案结果都是已知的两个方面。而事实上，人类选择的理性程度受到信息不完全与不确定等外部因素的限制。布赖恩·洛阿斯比和其他人已经证明："如果知识是完备的，选择的逻辑是完全且必须接受的，则就不存在选择问题了；除了刺激和反应之外什么也没有了。如果选择是现实的，则未来就不可能是确定的；如果未来是确定的，则就不可能存在选择"（阿兰·斯密德，2004）。另一方面，人类的理性水平也受到自身信息处理能力的制约。在现实中，人类即使拥有所有可选方案的全部信息，也不可能一一进行比较从而做出完全理性的选择。合理的决策需要知识，并要在各种可选方案中作有意识的选择。为了做出合理选择，必须了解各种可选方案。然而，获取不同方法的信息所需要的资源和时间都十分稀缺和昂贵，不可能无止境地收集信息。

有限理性（Bounded Rationality）作为新制度经济学关于人的三大行为假设（非财富约束最大化、有限理性和机会主义行为倾向）之一，改变了"完全理性"假设。阿罗最初提出"有限理性"的概念，人的行为"即是有意识的理性的，但这种理性又是有限的"。进一步而言，一方面人类面对的是一个复杂的世界，随着交易数量和不确定性的增加，信息的完全获取越来越困难；另一方面，人对环境的判断和认识能力是有限的（诺斯，2004）。威廉姆森认为有限理性是交易成本经济学的前提，有限理性需要考虑计划成本、适应成本以及对交易实施监督所付出的成本。赫伯特·西蒙（1961）指出人在主观上追求理性，但在有限的程度上做到这一点，是指那种把决策者在认识方面（知识和计算能力）的局限性考虑在内的合理选择，有限理性理论是考虑限制决策者信息处理能力的约束的理论（卢现祥，2012）。

2.2.2.2　有限理性的形式

经济学家们基于对有限理论形成的不同原因，对有限理性的形式进行了划分：分为约束性有限理性和选择性有限理性两类，具体如表 2-2 所示。

表 2-2　有限理论的形式

分类	形式	代表人物
约束性 有限理性	根本不确定性……决策者根本不知道变量有几个可能的值，更不知道每一个可能值发生的概率	奈特、沙克尔、杨小凯、Georgescu-Roegen（1971），Shackle（1961），Slater 和 Spencer（2000）
	成本约束……信息成本、交易成本限制了人类行为的理性程度	西蒙、威廉姆森、科斯、青木昌彦、张五常
选择性 有限理性	历史、习俗、习惯、价值观念和惯例限制了理性	哈耶克、阿玛蒂亚·森、卡尔·波普
	个体经过事先权衡（被动的、直觉或本能性自我保护的）后理性选择的"主动退出"	莱宾斯坦、张茉楠

约束性有限理性，强调使人类不能理性的因素，包括认知能力、外界不确定性及信息成本等制约了完全理性实现；选择性有限理性强调主观上个人本来可以最大化理性，但受偏好和节约心智成本两个因素的影响，他们不愿意最大化，只选择一定程度的理性。虽然内在和外在的约束都制约了人类的有限理性，但有限理性仍可通过以下两种方式进行拓展：一是通过内在机制。用自身非理性部分取代理性部分进行资源互补，或挖掘潜在资源解决心智资源稀缺，二是通过外部机制，主要通过制度、市场、技术等省交易成本、降低人类的心智成本。

从农户是理性经济人的视角出发，农户的有限理性主要表现为约束性有限理性，即对未来每种经营形式收益的根本不确定性，同时受到传统的林业经营管理限制而坚持林改前的选择。S. Popkin 指出农户作为微观主体在从事经营行为的时候，他们的经济决策与企业家行为相比，是完全理性的，即追求利益的最大化（Popkin. S. L.，1979）。然而根据西蒙的有限理性理论，农户的理性并非是在利润与成本之间的最优目标，而是农户会根据自身情况（经验、能力、目标实现难度）和外部环境之间权衡，因此，农户的生产经营行为实质上是一种有限理性的行为。有限理性主要分为三个学派，理性小农学派、组织生产学派及历史学派，具体如表 2-3 所示。

表 2-3　不同学派对有限理性的主要观点

代表学派	代表学者	代表著作	主要观点
理性小农学派	西奥金·舒尔茨（美）	《改造传统农业》	在市场的竞争机制中，农户的生产经营与资本主义的生产经营相类似，极少出现明显的低效率，因此应建立所有权与经营权合一的农户经营方式来激励农户自主经营
组织生产学派	A. 恰亚诺夫（俄）	《农民经济组织》	农户经营的投入量，是以农户主观感受的"劳动辛苦程度"与所增产品的消费满足感之间的均衡来决定的，即达到劳动与消费均衡状态
历史学派	黄宗智		即使在农户经营面积过少，而劳动力供给相对于土地的需求过剩的情况下，农户由于对农业的强烈依赖，仍会采取"过密化"经营来达到提高经营效率的目的

2.2.2.3　在本研究中的借鉴

综上所述，林农作为家庭林地经营的主要劳动者和经营主体，在家庭林地经营过程中，林农在相应的理性和预期的意识支配下会对市场和政策的未来走向进行一个判断，并根据自己的情况，包括整个家庭的资源禀赋和能力，即户主年龄、受教育水平、身份背景、经营规模、技术培训、经济环境、森林类别、营林目的（用材林或经济林）等来衡量采取什么样的经营形式组织生产活动。另外，在我国农村由于资源要素结构的独特性决定了农户行为的特殊性，农户的林业经营活动除了受农户的有限理性追求依据自身价值的"效用最大化"影响以外，同时还受长期经营习惯的影响。

2.2.3　产权理论

产权作为经济所有制关系的法律表现形式，包括财产的所有权、占有权、支配权、使用权、收益权和处置权，既是由物的使用所引起的人与人之间行为的规范和准则，受到法律、习俗以及道德的约束，又是一组权利的组合，各项权利相互独立。在市场经济中，可靠且可强制执行的产权是基石，能够提高投资者的信心来刺激资金流入生产性的经营活动，从而促进整个社会的经济增长。

2.2.3.1　产权的概念

产权（Property Rights）即财产所有权。现有的有关产权研究中，由于出发点和目的不同，使得各产权学派对产权赋予的含义也不一样。至今，产权的概念界定依然存在着争议，具有不确定性。但产权的定义可以从以下几个方面来理解。

首先，产权的主体可以是国家、集体、其他组织、法人、个人或各种经济体（Barzel，1997）。而资产、财产、资源等一切可以价值化和量化的有形或无形之物都可以是产权的客体。基于产权的主体和客体的划分，产权即指要求依法划分各项权利归属，具体包括（所有权、使用权、经营权和收益权）等，明确各类产权主体行使权利的管理权限和财产范围，是一种法律行为。

产权的本质特征是人与人之间附属于物规则之上的行为（Furubotn，1972）。产权的所有权、使用权和收益权等权利是可以分割并且让渡和交换的。其中，所有权规定了人对物具有占有、拥有关系的权利。因此，一般将所有权作为产权的基础，而其他权利则是在所有权基础上派生出来的。使用权是指在伦理、道德规范和法律许可的范围内，合法合理且合乎道德地使用物的权利。收益权是指人们在拥有使用权的基础上获得收益的权利，是界定产权最主要的目的，即获得拥有产权未来的收益权。具体而言，既包括正收益，也包括负收益。处置权是对物进行的赠予、出租、遗弃或改变物的形状等所表现出来的一种行为。从根本上说，产权所包括的所有权、使用权、处置权和收益权等权利不是相互孤立的关系而是对立统一的。

其次，产权主体在行使各项权能时，必须承担相对应的责任和义务，可以基于不同财产主体通过不同产权的行使，形成相互之间的责、权、利关系（曹玉贵，2006）。而产权的各项权能可以在不同的主体之间，也可以统一在一个主体中进行分离。因此，也可以理解为，产权的各项权能可以分割，而且可以在不同的产权主体之间形成责、权、利关系。

最后，产权是一个受社会经济条件、法律道德和各种环境等各方面约束的历史概念，产权的内容也会随上述约束的影响因子的改变而改变。如社会经济条件越发达，产权的细分程度也就越高，进而产权的内涵和外延所涵盖范围也就越大。

2.2.3.2 产权的功能

产权在资源充足的世界里是不起作用的，但是在现实社会中，人类社会所面临的是一个资源十分稀缺的环境，稀缺的资源会促使人产生自利行为。因此，如果不对人们获取资源的竞争条件和方式作出具体的规定，即设定产权安排，就会发生争夺稀缺资源的利益冲突，以产权界定为前提的交易活动也就无法进行。因此，产权制度对资源的经营决策有重要影响，并因此影响经济行为和经营效果。产权的基本功能主要包括以下三个方面：

首先，约束和激励功能。产权制度能够降低经营主体对未来生产经营的不确定性，通过利益激励的方式，使经营主体实现经营目标并获取未来收益，从而达到激励经营主体积极主动最大限度创造财富的目的。然而产权关系既是利益关系也是责任关系，其激励和约束功能是相辅相成的，约束功能就是一种负激励。从责任关系来看，它是约束；但从利益关系来说，它又是一种激励。只有利益而没有责任或只有激励而没有约束的情况，产权都不能发挥它应有的作用和功能（卢现祥、朱巧玲，2007）。我国集体林经营中的产权效率低下的根本原因是机会主义行为，因此，从产权角度来看，具有足够排他性的产权可以形成有效的激励来克服机会主义行为，林权改革对林权明确的界定和保护，能有效减少机会主义行为的产生，激励林农提高社会、生态和经济效率，为林农创新林业生产提供动力，进而实现资源的可持续发展。

其次，外部性的内在化功能。产权的权利包括一个人或其他人受益或受损。因此，可以说产权首先是界定人们如何受益以及如何受损，其次是在此基础上界定谁必须提供补偿以使其修正人们所采取的具体行动。

最后,资源配置的功能。资源中所包含的产权会进入决策者的效用函数,因此既定条件不变的情况下,交易中所包含的产权约束决定了物品交换的价值,产权制度的变迁必然会影响人们的行为方式,进而影响到产出构成,资源配置以及收入分配等。不同性质的资源需要匹配不同的产权形式,因此,生产资源的有效合理使用和优化配置的先决条件是合适的产权安排。在保持林地集体所有前提下的新一轮集体林权制度改革,明晰了林木所有权及林地使用权,将林地使用权和林木所有权以不同的承包形式落实到单户、村集体、联户、村小组以及其他的经济实体。

2.2.3.3 在本研究中的应用

产权理论所涉及的产权属性和产权功能对我国林改具有十分重要的理论指导意义。只要有清晰的产权界定和较低的交易成本,无论最初的产权如何配置,通过市场交易,资源利用和配置是可以达到最优状态的。总之,清晰的产权界定和明确的规则是一切经济活动的前提,然后通过权利的交易可以达到社会总产品的最大化,完善产权制度,对资源环境、社会和经济的协调与持续发展具有非常重要的意义。

我国集体林产权长期处于公有状态,内部成员的现实利益难以实现(陶国良,2011)。随着市场经济体制改革的不断深入,我国林权制度产权的弊端不断凸显,并严重地制约了林业经济的发展,例如产权主体虚置、边界不清、委托代理关系扭曲、经营自主权被弱化、交易成本高等。根据产权基本理论,产权出现的根本原因是存在的资源稀缺性,而资源经济价值的提高促进了产权的界定和实施。随着我国市场对木材需求的不断增长,木材价格也随之攀升,导致森林资源的稀缺性进一步凸现,因此,迫切需要通过改革形成权力和利益明确的产权制度。这种利益和权力的明确界定,不仅要通过确权颁证等形式落实产权,更要重视产权的几项基本功能,并以产权为核心建立具有我国特色的集体林权制度体系。

林业生产经营过程中,各生产要素的产权问题一直受到广泛关注。林业产权作为获取林业收益和林产品市场交易的前提条件,不同的林业产权形式对促进经济发展的作用是不一样的。有效率的产权应当有竞争性和排他性,这就需要对产权进行明确界定。如果林业产权不清或者没有划分资源的产权,使用者在做出生产决策时便不会考虑其行为的全部成本,从而造成森林资源管理中的短期行为,导致对林业生产要素的投入不足。因此,通过正式和非正式产权制度安排,人们可以清楚地认识到交易的合理预期。

林业体制和机制不健全以及林业改革不到位是我国长期存在的林业经营问题，并阻碍了林业生产力的发展。生产关系的每一次调整都是与生产力的飞跃相关的。生产关系的基础和核心是所有制，即产权归属状况。家庭联产承包责任制使农村发生了翻天覆地的变化，因此，我国集体林产权关系的改革是适应现阶段生产力发展的必然选择。

我国各行各业的生产力水平在改革开放以后有了很大提高，林业生产力水平增长是其中一个方面。但林业生产中的各种利益关系长期以来并没有较大的改变，与生产力发展的要求不相符。马克思恩格斯的生产力与生产关系的关系的分析指出，生产关系在历史的每一个阶段都应与其生产力发展相适应，并受制于生产力。现实中，林业产权并不是林业经营效率低的主要原因，其根本原因还是生产关系和生产力的关系问题。作为森林生产力，森林生态系统的属性要求是需要具有一定规模的、完整的林权，散碎的林权有害于生产力水平的提升。调整生产关系最重要的目的是解放生产力，而林权制度改革是调整生产关系，因此，对我国林业经营问题的研究具有非常重要的意义。

2.2.4　可持续发展理论

2.2.4.1　可持续发展的内涵

最早在 1987 年的世界环境与发展委员会《我们的共同未来》报告中，可持续发展被认为涉及自然环境、经济、社会等多个领域，是一个动态的概念。即要求在满足当代人需求的同时，不损害后代人满足其自身需要的能力。随后，在 1992 年 6 月巴西里约热内卢的联合国环境与发展大会上，明确了发展与环境必须密切联系在一起，提出了可持续发展战略，其核心是社会、经济、环境协调发展。在人类的可持续发展系统中，可持续发展实质是社会—经济—自然复合生态系统（Social—Economic—Natural Complex Ecosystem）的协调发展，是指以基于人类活动的社会、经济系统和生态系统在特定区域内通过协同作用而形成的复合系统的协调发展（马世骏、王如松，1984）。在一个综合体系内，三个性质不同的系统：生态系统（条件）、经济系统（基础）和社会系统（目的），各自有着自己的结构及功能，是一个具有相互耦合作用的综合体系，相互依赖相互依存，相互制约，缺一不可（江泽慧，2003）。其中任一因素的变化或发展均有可能导致其他因素的变化，最终影响这个复合生态系统。而在这一复合生态系统中，人则是"耦合器"。理解社会—经济—自然复合生态系统论，有助于更好地理解林业经营对于一个特定区域生态、经济、社会的综合影响，从而了解区域可持续发展，进而可因地制宜地采用不同的林业经营形式（赵景柱，1992）。

2.2.4.2 可持续发展的特征

可持续发展的特征主要包括生态属性、经济属性及社会属性的三个"持续性"（Beckerman，1994）。

第一，强调生态属性上的"持续"，即自然资源及其开发利用程度间的平衡，以自然资源为基础，同生态环境相协调。所有经济和社会发展都必须确保生态系统的生产和更新能力，不能超过资源和环境的承载能力，使可再生资源的消耗速率低于其再生速率，同时不断寻求不可再生资源的替代资源，以支持生态的完整性和人类对资源的充分利用以实现可持续发展。

第二，强调经济属性上的"持续"，即在使森林生态系统不受影响的前提下，最大限度地增加经济发展的净收益，确保当代资源使用的收益不低于资源在未来的实际收入。当然，这里的"经济发展"并非传统以牺牲生态环境为代价的"经济发展"，而是以不破坏自然资源和不降低生态环境质量为基础的"经济发展"。强调人类必须通过经济增长，既要注重数量增加，又要注重质量的提升，旨在提高当代人福利水平的同时增加全社会财富。

第三，强调社会属性上的"持续"，即在生存于不超出维持生态系统涵容能力的情况下，提高人类的生活质量，创造美好的生活环境（柏章良，1997）。"发展"不仅仅是追求经济效益发展的经济问题，还包括有提高人类健康水平、改善人类生活质量和获得必须资源的途径，并创造一个保持人们平等、自由、人权的环境。

总的来说，这三个"持续"是一个相互影响的综合体，只有当一个社会与生态资源、经济发展之间的关系协调，那么这个社会才能达到可持续发展的要求（García‐Fernández et al.，2008）。显然，现在与未来，实现以人为本的社会—经济—自然复合生态系统的持续、稳定、健康的发展是人类共同追求的目标。

2.2.4.3 在本研究中的应用

可持续发展是人类从事一切生产经营活动的指导思想，旨在追求人类与生态系统、社会经济系统的和谐统一及协调发展。林地是不可再生的稀缺性资源，当前世界面临的人口、粮食、能源与资源等问题与林地资源密切相关。不同林业经营主体采用不同的林业经营形式进行林业经营活动，其经营目标不仅仅是追求经济学意义上的效率最高，更应该追求基于可持续发展思想，实现林业经营综合绩效的最高，即以森林资源为基础，实现资源、经济、社会等相互协调，整个综合系统的可持续发展。

这一理论告诉我们，在林业经营过程中，必须确保林业资源的开发利用不超过生态系统的自我调节能力的极限。长期以来中国集体林的生产效率不高，经济效益不好，没有给农民带来应有的收入。集体林权改革，从根本上来说，是为了实现我国林业可持续发展。集体林权制度改革使林农对森林资源和环境获得自主权利，农户作为农村林地利用的最终决策者，在林业生产决策中处于主导地位，他们在林业生态环境和社会经济条件的约束下，以其资源和目标为基础，进行林地利用决策，从而直接影响林地利用的持续性。林地资源的可持续利用，实质上就是满足当代和未来社会经济发展对林地资源的需求，使林地的长远生产能力得以保持并能进行资源基础的再生（赵登辉，1998）。让林业资源给林农带来更多的收入，由于林业具有生产周期长的特点，要想激励林农对林地进行长期投资，对林地产权的稳定性要求要远大于农地。同时，农户要想从林业中获得长期稳定的收入，必须对林地进行可持续的利用。因此，对林地进行可持续的经营管理既代表了农民个人的长远利益，也是整个社会利益、森林的生态效益之所在。

2.3 相关领域研究综述

随着全球环境变化越来越剧烈，林业经营问题也越来越受到重视，国内外很多专家学者做了大量较为深入的研究工作（Boyle，1990）。研究的内容主要集中在以下三个方面：林业经营思想、林业经营理论及林业经营形式。其中，林业经营思想是林业经营理论形成的基础，而林业经营理论是指导林业生产实践的指南，对林业经营行为具有重要的指导意义。21 世纪世界林业经营方面，多功能林业的经营思想和森林的可持续经营理论已得到共识（Ferro - Famil，2003），而在林业经营形式上存在较大差异。

2.3.1 国外林业经营形式的研究

目前世界各国森林所有制构成存在较大差异，但无论是发达国家还是发展中国家对林业的发展都极为重视，并在相关制度和法规中对林业的经营管理做出了相应的规定、制订了相关标准和规划，然而，无论是以公有林为主还是以私有林为主的国家，其林业经营形式都主要分为国有经营及私人合作经营管理两类，且呈现出不同的经营特征，具体情况如表 2 - 4 所示。

表2-4　不同国家的林业经营模式

国家	权属	林业经营形式	经营特征	相关立法	评价
美国	公有林	各级政府拥有并直接管理	宏观上进行指导、研究政策、提出建议、协调服务	1976年《国有林经营法》(NFMA)	产权分明，职责明确，注重权益和责任。"私有林为主，公有林稳定"，经济效益、社会效益、生态效益协调统一发展
	私有林	私人所有并进行经营管理	商业用途，获得更高的经济收益，提高林地生产力	1985年成立国家私有林委员会	
加拿大	公有林	省政府所有并负责管理	宏观上进行指导、研究政策、提出建议、协调服务、保护生态	各省都有自己的森林法规、标准和计划	政府鼓励私人经营或经营森林，并在税收政策上给予优惠
	私有林	私人所有并进行经营管理	获得更高的经济收益	根据省政府制定的标准对公有林经营、采伐	
	公有林	国家森林局进行经营与管理	公有私有所有权归国家森林局所有，具有企业法人资格，活动受政府监督，财务实行独立核算	《森林法》和《森林规则》	政府的职能主要是监督和宏观指导（政策、法令及林业基金、对林业的发展进行扶持和推进
法国	私有林	以传统的家庭林业形式为主	全国私有林主职业委员会和私有林主区或中心、林业国家工会等公益性组织，林业发展研究所等研究机构，提供科学技术方面的支援	私有林经营计划由地区森林所有者中心(CRPF)进行批准，以及监督实施	克服私人经营的分散性，为提高经营活动的效率

（续）

国家	权属	林业经营形式	经营特征	相关立法	评价
德国	国有林	联邦所有林和州所有林	发挥生态功能，国家对其实行全额投资，弥补经营亏损		私有林比重较大，各林务局对私有林的经营管理进行免费的技术指导，同时提供适当的经济补助
	私有林	私人所有并进行经营管理	在不改变林地用途、符合法律规定前提下，私有林主有权自主经营森林，不受其他任何干预	1975年《联邦森林法》	国家为了提高私有林经营水平，鼓励形成私有林联合经营，并雇用林业专业队管理森林，或者直接将私有林交托给林务局进行管理
	私有林	私有林联合经营、委托林务局经营管理	通过联合协会进行经营指导、监督，所制定的生产经营活动等计划需联合协会协准		
日本	国有林	委托特定的部门经营管理	发挥森林的生态功能和社会功能（保持水土、涵养水源、提供休闲游憩）等	《国有林管理经营法》	林业发展重在保护，以充分发挥森林的综合效益；对私有林经营提供了造林补助、廉价使用林业机械、提供山区就业机会等多项扶持政策
	私有林	制度化的森林组合	私有林经营中，林业经营只是作为农业经营的附属形态而出现	1978年颁布《森林组合法》	
韩国	私有林	国家林业合作社、林业联盟构成	林业联盟包括活市级省级分支机构、市县级林业合作社和林业职业培训中心	1993年《林业合作法》	保护和经营私有林，改善其成员的社会经济地位，为私有林主提供林所需的种子、苗木，同时提供造林子采集、储藏和销售服务、协助发放林业发展基金贷款

纵观林业发达国家，除了国有林国家经营以外，对于私有林的经营都鼓励走合作化道路，从而克服私有林所有权分散、经营面积细小、不利于生产和销售方面与集约经营管理的矛盾，同时政府对于私有林的合作化发展还建立了相应的合作组织，颁布了相关的法律法规，采取了大量的扶持措施。因此，合作化经营一方面有利于国家森林政策的实施，另一方面能促进私人林主之间的合作，对于提高森林经营效率和避免社会冲突有着重要作用（Bourkeand Luloff，1994）。

与这些发达国家相比，我国在集体林权制度改革后分散的农户经营中，普遍存在经营效率较低的问题，因此，有必要进一步借鉴学习国外林业发达国家对于林业经营管理政策制定及扶持等方面的经验。政府部门应积极探索和出台各项优惠政策，鼓励林业专业人员及分散的林农进行联合合作经营，从造林、营林、育林、采伐销售等方面提供一系列的技术、资金及生产帮助。一方面提高林业经营主体的森林培育和经营知识与技能，提高林业经营效率；另一方面可通过政策和相关扶持措施的实施，正确引导林农实现规模化经营，推动森林可持续经营，真正意义上实现集体林权制度改革的根本目标，兴林富民，促使林业经营从粗放向集约化、低效向高效的本质转变。

2.3.2　国内林业经营形式的研究

2.3.2.1　我国集体林经营形式的相关研究

林改后大量学者对我国集体林的经营形式归纳总结，认为可以分成几种主要的经营形式，其中，徐晋涛等对我国主要林改省份，南方集体林区福建、江西、云南、浙江及北方山东、辽宁等多省进行实地调查收集了 12 种经营形式并在此基础上根据经营主体划分为了 6 种。集体林经营形式，主要以家庭经营和集体经营为主，还有联户经营、小组经营、市场经营等（徐晋涛等，2008；裘菊，2007）。其中家庭经营：指的是农户以家庭为单位，对林业"三定"时期划定的林地（自留山、责任山、承包山和租赁山）等进行经营管理；联户经营：指的是 5～10 户林农以资源共有形式对一块或多块林地联合经营；小组经营（或自然村经营）：类似于社区共管形式，以生产小组或自然村为经营单位对山林进行经营；林地流转经营也称为市场经营，指的是通过签订合同的方式，外村的个人或组织获得了某个村的林地使用权和管理权；集体经营包括林地由当地村委会对村集体林统一经营及公益林经营，共六种。

沈月琴等通过对南方集体林区浙江省的多种林业经营形式进行分析，从适宜林种（经济林、竹林、薪炭林、防护林、用材林）、适宜的立地类型（好、中、差）等方面进行定性评价，在确定了地租系数的基础上，认为适宜分林到户的林地应采取家庭经营形式而集体规划林地宜采取大户（联户）经营、集体经营和股份合作经营等多种经营形式，并对多种林业经营形式发展和创新措施提供了建议（沈月琴，李兰英等，2000）。

罗攀柱以湖南省浏阳市高产试验地的油茶实际生产经营数据为依据，通过参与式调查与重点调查，分析研究了家庭经营、大户经营、公司经营、合作社经营、"公司＋合作社＋农户"五种经营模式下各自油茶的生产经营条件和收益状况，并以此为基础探讨了影响高产油茶经营的主要因素（罗攀柱，2010）。

对于多种林业经营形式的评价，究竟哪一种经营形式更好，尚未形成统一的观点，一些学者认为应该坚持完善家庭经营，有的学者坚持完善股份合作经营，还有的学者认为应该创新多种经营形式，具体如下：

2.3.2.2　坚持完善家庭经营

受中国传统文化的影响，在农户的思想认识里，土地资源（耕地、林地）作为家庭的重要资产之一，具有收入、就业、预期及保障四重制度内涵，因此，对于资源的经营不但是一种经营形式，而且也是他们的一种日常生活方式（张红宇，2002）。

实行家庭经营是我国农村改革最本质最重要的成果，从根本上解决了我国在合作化经营中无法真正按有效劳动量进行分配的问题，从而调动了农户的经营积极性，是农业生产的基本经营形式（王西玉，1999）。就我国目前的农村经济和城镇化发展情况而言，尚无法实现为农户劳动力转移提供有效的保障体系，农民的生产和生活始终依赖于土地资源（党国英，2001）。因此，我国农村土地制度改革过程中，必须始终坚持和稳定家庭承包经营，并且在此基础上逐步实现承包权物权化（王小映，1999）。

在林业经营形式的发展中，黄和亮等指出采取家庭经营能最大程度上调动广大林农的造林积极性，显示林业经营的公平性、减少政府干预，因此家庭经营优于合作经营（黄和亮，2008）。

2.3.2.3　坚持完善股份合作经营

20世纪80年代，我国南方集体林区的一些省份例如福建省，曾积极推进过林业股份合作经营形式的发展，并取得较好的成效（陈永福、姬亚岚，2003）。周俊鑫对多种经营形式采用了实证对比分析后，认为从森林资源的保护、林农收入的增加及稳定集体林区秩序几个因素的影响效果来看，股份合作经营成效最优，因此股份合作经营的发展势在必行（周俊鑫，1992）。

杨汉章等认为，股份合作制作为一种新型的公有制形式，是我国社会主义市场经济不断发展的产物，因此林业股份合作经营形式不仅建立了较好的投入机制有助于林农利益的实现，还有利于保持林业政策连续性（杨汉章、童长亮，2000）。

张春霞从林业自身的特征出发，以为林业经营只有形成一定的规模才能克服林业自身（生产周期长、风险较高）的特点，充分发挥林业的规模效率、降低经营成本，同时解决各家各户独立经营所出现的要素投入不足等各种问题（张春霞，1994）。

股份合作经营将各生产要素在生产过程中的贡献折合成股份，权属清晰，并且明确股东收益权，因此能最大限度地使林业经营的各种生产要素集中在一起并得到了优化配置（胡小平、陈刚林，1993），具体包含集中分散农户的林地，吸纳社会闲置的劳动力，及社会各方面的资金投入（李世旭，2003）。

股份合作经营在整个林业经营过程中，在生产要素优化组合、适度经营规模、科学化技术的使用等方面都显示出了较强的有效性（施化云，2002）。同时股份合作经营更有利于获得国家政府的一系列优惠措施，更好地保护森林资源，提高森林资源的利用，从而创造更好的林业社会服务价值（黄和亮，2006）。

甚至，一部分学者将林业股份合作经营的生产视为一个创造，认为股份合作经营成功地使资金的联合与劳动力的联合统一在一个组织经济共同体中，是对家庭承包制的拓展与完善（郭铁民、林善浪，2001）。

2.3.2.4 坚持多样化经营形式

除了林业家庭经营和股份合作经营以外，还有大量的服务性专业技术协会和专业合作社也在森林资源的培育中发挥了重要作用（张志才、陈琼，2007）。由林业生产经营者自发联合形成的各种协会，主要是开展培训，普及推广营造林实用生产技术，帮助提供生产资料供应、营造林科技信息咨询等服务活动。林业专业合作社是指林农在农民专业合作社法的框架下自发组织成立的以农民为基本会员，内部实现了产、加、销一体化的林业经济合作组织。这两种方式不同于公司形式的合作组织，属松散型的合作。

杨国玉等基于对历史上永佃制的分析，探讨了中国农业如何实现农场化经营问题，通过对经营大户、集体经营及经济合作组织的比较，认为经营大户是目前农业规模经营的主要方式，国家应采取积极措施推动农业经营大户的发展（杨国玉、郝秀英，2005）。

洪燕真等对集体林权制度改革后福建的林业经营组织形式进行了研究，分析了"公司＋林业合作组织＋农户"的林业经营形式的意义，认为它是一种绩效更高的组织形式（洪燕真，2009）。顾艳红、张大红等人通过建立动态模型，对"公司＋林业合作组织＋农户"模式中合作关系如何演变进行分析。"以期研究公司和林农的行为变化规律，并在此基础上提出实现公司和农户合作关系稳定演化的建议"（顾艳红、张大红，2012）。

2.3.2.5　对本研究的启示

为了确保未来我国集体林业的稳定持续发展，构建创新型林业经营体系不仅是林业生产力发展的内在需求，而且也是实现我国集体林区社会经济发展的外在激励。只有通过建立国家有效的制度规范和政策保障，完善各种经营形式的运行机制才能使我国不同林业经营形式取得更好更高效的发展。对于林业经营形式的好坏，虽然不同的学者持有不同的观点，但是总的来说，家庭经营作为我国土地制度的重要构成内容，必须始终坚持其主体发展地位，同时，合作经营等规模经营形式是加速我国林业发展的必然趋势，进一步而言，实现合作化经营是现阶段中国林业发展的迫切要求（黄少安、谢冬水，2011）。

本研究根据三明市的林业经营形式现状，将对单户经营、联户经营及股份合作制经营等三种主要经营形式的差异性及综合绩效问题在接下来的几章中进行详细讨论。

2.3.3　集体林权制度改革的相关研究

在国内，近几年来，集体林权制度改革已成为我国林业界关注的热门话题，许多专家和学者，都对此开展了相应的定性和定量研究，主要内容涉及林改的动因、存在问题、绩效评价等。当前的林权制度改革在很大程度上调动了广大林农经营森林资源的积极性，促进了林业生产的可持续发展与林农收入水平的提高，促进了村容村貌整洁和农村的民主建设（王新清，2006）。集体林权制度改革对林业经营形式的影响主要包括促进和制约两方面。

2.3.3.1　林权改革对林业经营的促进作用

在促进林农从事林业积极性方面，Cotula 和 Mayers 等认为资源的公有产权由于缺乏有效的实现机制或者强有力的管理机构，不仅难以发挥应有的作用，还会导致管理混乱、寻租等行为，影响资源的使用效率（Cotula and Mayers，2009）。随着集体林产权制度改革的不断深入，确权发（换）证工作的基本完成，给广大林农吃下了"定心丸"，为林业发展注入了新的活力（黄和亮，2006；李世友，2008），有利于调动广大林农从事林业经营的积极性，为林业经营活动尽可能多地吸纳了劳动力和资金投入，从而有助于林农真正意义上的脱贫致富，改善集体林区林农生活水平，并有助于将林业经营者和受益者统一起来，促进林地的合理利用，提高营林水平，增强林农的商品意识和市场观念（郑德祥，2009）。

　　吴继林对福建省永安市集体林权制度改革前后 2004 年与 2006 年两年春季个人投资造林面积进行了比较，发现林改后个人投资造林面积远高于林改前，林农参与林业经营的积极性得到了空前提高（吴继林，2007）。

　　集体林权制度改革以后，林业涉及的利益主体出现了多元化，涉林单位和经济实体大量增加，林农成为林业经营的主要力量，林业生产关系发生了变化（李世友，2008）。长期以来，由于林农缺乏有效的资产抵押物证明，制约了农村信贷对于集体林区农村经济的推动发展（何广文，2001）。林权证的发放，使林农拥有了具有法律效力的资产证明，为金融部门在集体林区农村放贷创造了前提条件，金融支持林业发展的能力得到进一步提高，民营林业取得了迅速发展。数据显示，江西省铜鼓县 2007 年造林 0.28 万公顷，其中民间造林的比例占 61%，首次超过国家工程项目造林，是林改前民间造林的 20 倍；奉新县 2007 年社会造林 0.41 万公顷，比林改前的 2004 年同比增长 4.5 倍，林业从业人员已达 1.8 万人，是林改前的 3 倍（朱再昱，2009）。

2.3.3.2　林权制度改革对林业经营的制约

　　林权制度改革后，由于分户经营，出现了许多限制林业经营发展的因素，如经营规模问题、林地资源利用率低下、森林经营质量及生态系统受到制约，具体包括以下几方面：

　　林农的生产经营规模过小，不适应林业生产的需要，也不利于按永续利用的原则来规划和布局林业生产及合理配置树种。由于农民的生产资料较少，缺乏必要的造林资金和技术，要进行较大规模的集中造林或资源培育难度很大。单户林农也无法承担林业病虫害防治、森林防火和森林资源保护等活动。一些拥有林地的林农，存在无技术、无资金、无能力的"三无"情况，粗放造林和管理的现象严重。因此，不利于森林集约经营和统一规划设计与技术指导，很难谈得上培育高效的森林资源（林景源等，2005）。

　　林业生产周期长，管护难度大，需要较大的投资和长期经营。在林改前，山林的所有权归集体所有，因此，林业经营活动的资金主要来自政府扶持和村级组织筹措；而在集体林权制度改革后，分林到户，绝大多数林农缺乏充足的资源从事造林等林业生产经营活动，造成了林地资源的浪费。

　　森林的生态作用被弱化，种质资源得不到有效保护。分山到户后，农户们出于经济利益的考虑，自然要选择速生林、经济林、用材林等见效快、效益高的树种进行栽培，导致出现树种选择混乱、培育目标不明、不能适地适树、难以形成规模等情况，大量营造人工林，林地生产力低下导致森林生态系统不稳定，无法有效发挥森林的多种功能，影响森林资源质量的提高和林业的长远发展，对种质资源的多样化和生态平衡显然是不利的（傅成华，2007）。

张广胜等指出商品林自主经营与采伐限额制度产生矛盾，中幼林抚育间伐与林业部门规定的间伐强度和间伐次数产生矛盾等都制约了林改后农户对林业经营的投入（张广胜，2011）。孙妍等通过对江西农户实地调研数据的对比分析，认为集体林权制度的实施对于自留山和责任山的经营形式影响不大，而集体统一经营的集体林经营形式逐渐被股份合作、承包和转让等形式替代（孙妍，2006）。

2.3.3.3 对本研究的启示

大多数学者认为改革有利于调动营林的积极性，营林主体的数量和积极性增加，使森林资源的利用更有效，同时家庭承包经营制度带来的诸如森林防火以及病虫害防治等方面的问题也得到了广泛关注。然而，改革形成的分散经营管理并不利于林事活动的安排，促使了林地流转与规模经营的发展。同时，政府及林业相关管理部门急需提供林业经营活动所需的保障。

2.3.4 林业经营影响因素的相关研究

针对林改后林业经营的主体林农对某种特定林业经营活动的参与意愿：林业投资造林、林业合作组织、林地流转、生态补偿（詹黎锋等，2011；黄和亮等，2008；徐秀英等，2010；苏芳等，2011），学者们做了大量研究，并认为农户自身特征、农户家庭特征、林业资源特征以及外部环境等多方面因素不同程度地影响了农户参与意愿（Coulibaly - Lingani et al.，2011；Menzel，2012；Chhetri et al.，2013）。

2.3.4.1 林农投入林业经营的影响因素

自 2003 年开展的新一轮集体林权制度改革以来，放活森林经营，激活农户的森林经营意愿，增加林农经营收益一直是林改的核心内容（张秀丽等，2011）。因此，关注农户森林经营意愿具有显著的现实意义（王小军等，2013）。由于林业本身的特殊性及农户行为的不确定性导致了影响林业经营的因素众多而且十分复杂。尤其是林业经营主体，对森林资源培育有重要作用，除此之外，家庭特征（财富特征、资源特征）、市场特征、制度等对林业经营都有不同程度的影响，林业经营的具体影响因素包括以下几方面：

就农户家庭资源财富特征而言，主要包括农户家庭拥有的资源条件及家庭收入情况等因素（Adhikari B et al.，2004）。研究表明，收入对农户造林投入行为有影响（詹黎锋，2011；廖文梅，2011）。家庭林地资源面积的大小也影响着林农的林业投入经营意愿（Zhang Daowei and Owiredu，2007；王洪玉，2009）。同时，家庭林地质量也是影响林农的林业投入经营意愿的重要因素（Arano K G et al.，2006；Dhakal B，2008）。Stale Stordal 等的研究表明资金充足情况、林地面积和林业收入不仅增加了林农的林业投入经营意愿，同时也增加了他们对木材的采伐倾向（Stale Stordal et al.，2008）。收入高的所有者与收入低的所有者相比，采伐木材的可能性高（Alig R J，1990；Pattanayak S K，2003）。林地规模会影响林农在抚育过程中的相关行为，林地规模越小，农户越会考虑采伐成本，从而减少采伐的次数（Holthausen R W. et al.，1995；Yang M L，2010）。因此，与大块林地相比，小块林地更不可能被采伐（Cleaves D A. et al.，1994）。经营规模是影响林业经营活动的主要因素，林权改革将林地经营权落实到农户以后，林业经营规模、方式不可避免地要零散化（黄和亮，2006），零星的林业生产实现不了经济效益的最大化，规模经济是实现林业经济活动效益最大化的主要途径。

就农户自身特征而言，主要包括年龄、受教育水平、职业等因素（Lise，2000；Joshi，2009；Gyau A et al.，2012）。一般而言，户主年龄越大，受教育水平越高，越有可能投入林业经营（Lise，2000；Joshi，2009），却对采伐决策有负向影响（Stale Stordal et al.，2008）。同时，农户职业对造林决策没有显著影响，而对木材采伐有显著影响（Fisher，2004）。

就经营技术水平而言，林业生产经营者的经营能力和技术行为对森林资源的可持续发展具有重要的影响（黄建华，2008）。经营技术水平对农户造林有正向影响（Heltberg，2001；Zhang Daowei and Owiredu，2007；Ray，2011）。越容易获得技术指导、经营技术水平越高的农户从事林业经营活动的积极性越高，同时，科学的森林经营方案也会增加林业经营者的采伐技术（Stale Stordaletal.，2008）。而造林、抚育、采伐等经营过程与经营技术水平正相关，因为当林业经营主体的经营技术水平越高时，林木的生长情况越好，林业经营的综合效益发挥越好（Gan and Kebede，2005）。

就市场和制度因素而言，主要包括木材在市场上的价格、经营成本、制度产权期限及产权类型等。一般而言，木材价格对农户的林业经营投入和采伐具有显著的正向影响（Leitch et al.，2013），当市场上木材的销售情况较好时，活立木价格的上涨会使林业经营主体增加木材采伐（刘璨，2005；Atmadja，2013），而造林成本对农户的林业经营投入具有显著的负向影响。在针对林业经营的研究中，一些学者认为私有林所有者对于木材价格变化的反应更大

（Atmadja，2013）。同时，制度因素主要包括产权期限、产权类型所占比例等因素（刘璨，2003；张蕾，2008）。除此之外，政府补贴政策、采伐限额等都会影响林农的林业经营活动（苏芳等，2011；黄斌，2010）。

2.3.4.2　关于林农对于不同经营形式的影响因素

张建国等认为林农对于不同林业经营形式的选择方面需要考虑以下因素：一是利益主体（林农）的偏好；二是林业经营本身的特点；三是林农自身经营能力及外部政策制度发展。例如：人工林经营应实行股份合作制，山地森林（兼顾用材和生态需求）应实行股份合作制，而社会林业应实行承包经营方式（张建国、林迎星，2002），同时，特定地区的人们应该根据当地的特定情况做出选择（李周，2008）。

高岚等引入 SSCP 范式运用二元 Logistic 回归，在分析农户对于两种经营形式选择的影响因素的基础上，指出林业经营形式只有与资源特征与制度环境相配时才能实现效益的最大化和经营的可持续性（高岚，2012）。

沈屏等对辽宁省集体林权制度改革后农户单户经营及联户经营两种形式的特点进行了总结归纳，并在此基础上，运用二项 Logistic 回归模型分析了农户对于两种经营形式选择的影响因素，认为经营林地的基本条件、承包方式和农户的经营状况是影响农户选择的主要因素，农户的选择均基于自身利益最大化的实现（沈屏，2013）。运用多元 Logistic 回归模型，一些学者对于农户选择不同林业经营模式的影响因素进行了探析（吴静等，2013）。

2.3.4.3　对本研究的启示

目前，无论是国内还是国外，关于农户林业经营决策的研究均取得了大量可资借鉴的研究成果，主要认为家庭资源财富特征、农户自身特征、技术援助、市场激励及制度等因素是林业经营投入、管理及采伐的主要因素。在今后林业经营问题的研究过程中，要加强对相关问题的进一步深入研究。

2.3.5　林业经营效率的相关研究

近年来国内外学者针对林业经营效率进行了大量研究，取得了丰富的研究成果。主要集中在对于地方林业发展和木材经营投入产出的分析方面，指出林业经营过程中资金、劳动力和林地等生产因素对林业经营效率有显著影响（田淑英，2012；张春霞，2010），除此之外，林业生产外部政策也对林业经营效率有影响（Managi S.，2010）。

其中在方法上，数据包络分析（DEA）和随机前沿分析（SFA）方法都得到了广泛运用。对宏观林业行业区域发展，Kao 等首次将 DEA 模型运用在林业行业，讨论了中国台湾 13 个林业区域多功能林业的效率（Kao C，1991）。Carter 和 Cubbage 采用 SFA 方法测量了美国南方木材采运业的经营效率和纯技术效率（Carter D R，1995），Brannlund 等和 Hetemaki 采用同样的方法分析了环境规则对瑞典和芬兰纸浆业的影响（Brannlund，1995；Hetemaki，1996）。然而传统的 DEA 方法，无法处理环境和随机误差的影响，为此，Lee 在 2008 年利用三阶段 DEA 方法研究发现环境因素和随机误差对效率确实存在影响，且三阶段 DEA 对 89 个全球森林和纸业公司的效率测量值均低于 2001 年传统 DEA 测量的效率值（Lee，2008）。

自 1998 年以来，许多学者开始运用规范分析法，运用实证分析来研究林业经营效率问题的学者不多。周莉基于公共财政支出的效率理论，采用社会成本效益评价工具，建立了林业财政支出的效率评价框架，深入分析林业财政支出的规模效率、结构效率及综合使用效率（周莉，2007）。赖作卿、张忠海基于传统的 DEA 方法对广东省 21 个城市的林业投入产出效率、纯技术效率和规模效率进行测量，通过结果分析，对提高广东省不同区域的林业效率值分别提出了相应的对策（赖作卿、张忠海，2008）。

从微观林业经营主体林农的角度，张蕾等在 DEA 方法基础上，构造了投入型 Malqulist 总要素生产率模型，对江西省崇义县 1980—2002 年的农户效率变化进行了测量，结果表明林业产业的全要素生产率呈现增长态势，对南方集体林权制度进行彻底改革消除农村贫困问题提出相关建议（张蕾，2004）。刘璨等利用 DEA 与 SFA 方法测量了安徽省贫困县金寨县农户 1978—1997 年农林牧的生产经营技术效率、规模效率，加入了制度因素，认为消除贫困需促进技术进步，适当扩大农户规模经营（刘璨，2004）。曾云钦等运用传统 DEA 方法对福建省家庭承包、股份合作制及自留山三种经营形式的私有林经营规模效率进行了测量，认为股份合作经营规模效率相对较高，且三种经营形式的规模效率尚存在提高的空间（曾云钦，2011）。

对于单一经营形式的效率测量，孔明等运用产出指标、分配指标、森林资源状况等来衡量三明市的林业股份合作制度安排是否具有制度效率，从而得出内外部环境还存在一些影响林业股份合作制经济制度发展因素的研究成果，林业股份合作制经济效率不高，需要采取相应的政策措施加以提高（孔明、刘璨，2000）。

2.3.6　林业经营绩效评价的相关研究

林业经营绩效作为林改后的重大问题，在进一步深化林改政策中尤为重要

（贺东航，2009）。然而，近几年对林业政策实施的绩效评价研究较多（贺东航等，2009；孔凡斌，2008；林琴琴等，2011），围绕林业经营组织综合绩效问题研究较少，对林业合作组织发展绩效的综合评价还处于起步阶段。从文献回顾可以看出，当前对林业合作组织发展绩效的相关研究主要还是借鉴农村合作组织的相关研究。

对于国外农业合作社绩效的认知和评价，程扬勇主要运用定量分析法和案例分析法论证分析了国外农业合作社的运行绩效主要表现在生产效率的提高、市场风险的规避及维护农民利益的实现、基础设施建设的改善等多方面（程扬勇，2004）。

高海清以具体案例陕西省一个合作社为研究对象，采用定性和定量相结合的方法分析了农村合作经济组织绩效问题，评价包含了合作组织制度激励、交易费用和社会管理三个角度（高海清，2010）。

赵佳荣等运用层次分析法（AHP），构建农民专业合作社"三重绩效"指标体系，即生态、经济和社会绩效，对湖南省 10 家农民专业合作社进行了绩效评价（赵佳荣，2009）。王立平等采用层次分析法（AHP）确定各指标权重，接着应用综合指数法构建绩效评价模型从经济效益、社会效益和生态效益三个方面构建农民专业合作经济组织绩效评价指标体系，具体包括代销农产品总量提高率、代购农用资料总量提高率、农民专业合作组织成员总数提高率、农户满意度、组织环境满意度等指标（王立平，2008）。

2.4　研究评述

从国内外相关的研究成果可以看出，本研究有较好的相关理论基础，国内外学者在关于林业经营形式、集体林权制度改革、林业经营影响因素、林业经营效率及林业经营综合绩效等方面已做了大量研究工作，为本研究提供了可资借鉴的研究成果，所使用的研究方法也颇具参考价值。总体而言，有关林业经营形式的研究，具有以下典型特点：

在研究理论上，将制度变迁理论、有限理性理论、产权理论及可持续发展理论与林业经营的特点相结合，为本研究进一步分析林业经营形式提供理论参考，林业经营理论只有通过具体的林业经营形式才能得以实现，是林业经营思想指导下开展的林业经营活动。

在研究方法上，既有定性研究，也有大量的定量分析，研究方法形式多样，但对于不同林业经营形式的影响因素、经营效率测量、综合绩效评价的研究方法中尚未有科学系统的分析与研究。

在研究对象上，对于不同林业经营形式的研究，多是集中于单一形式的研究，缺乏对多种经营形式系统性和整体性的分析。

在不同林业经营形式评价方面，对于林业经营绩效的界定缺乏统一的认识，可能导致评价结果与评价目标的偏离，评价的标准不统一，而且多以定性评价为主，定量评价方法较单一，鲜有基于经营主体农户角度对于不同林业经营形式综合绩效进行评价的定量研究，未能客观地评价其综合绩效。

鉴于此，本研究试图在已有相关研究的基础之上，在不断要求林业经营水平提高以及不断推进集体林权制度改革的背景下，以福建省三明市为例，系统地研究集体林区林改后不同林业经营形式的差异性、影响农户选择不同经营形式的因素、效率的测量及综合绩效的评价，以期为深化集体林权制度改革和创新林业经营形式机制提出可资借鉴的政策建议。

第3章 福建省三明市林业经营发展现状及特点分析

据第八次全国森林资源清查，福建省林地面积以集体林为主，占93.61%，集体所有的森林蓄积比重为45.68%。三明市位于福建省中部，是我国重要的南方集体林区，土地总面积229.63万公顷，森林资源丰富，森林覆盖率76.8%，活立木蓄积量为1.47亿立方米，为全国4个活立木蓄积量超过1亿立方米城市之一，为我国的木材供给做出了重要贡献，且人均林木林地资源居福建省第一。三明市集体林区作为全国农村改革试验区，不仅是20世纪80年代我国深化农村改革的产物，也是顺应集体林区群众要求变革林业生产关系的产物。作为全国林权制度改革的先行区域，三明市自2003年林权制度改革以来，在激发林区农民林业生产的积极性、提高林业生产效率、增加林农收入、发展现代集体林经营技术等方面取得了显著成效，最大限度地激活了农村经济活力，促使全社会参与造林、育林、护林的活动，为我国南方集体林权制度改革提供了诸多经验借鉴。

不同林业经营形式的发展与当地的社会经济发展水平、自然资源特征、林业发展政策息息相关。因此，本章首先从三明市集体林改制度改革的历史变迁出发，分析了新一轮集体林权制度改革的主要内容及改革阶段性成效；运用聚类分析，对三明市12个区（县、市）的经济发展水平、自然资源特征、林业发展政策特点进行系统梳理和分析，基于此，分析三明市林权制度改革后各区域林业经营形式的现状、特征及发展变化，以期对未来三明市林业经营创新机制的构建提供参考意见。

3.1 三明市集体林区林权制度变迁的历史

三明市集体林权制度改革与我国特定的历史背景和社会发展进程相吻合，经历了最为完整的林业产权变迁过程。在林权变迁的过程中，林地使用权、林木经营权和收益权是否统一，一直是改革是否能持续的重要原因。我国集体林产权的变化过程实际上是林权从私有向集体所有转变，再在集体所有的基础上通过承包分离经营权和所有权的过程。同时，在林业经营制度变迁的过程中也伴随着林业经营形式的变化，如图 3-1 所示。

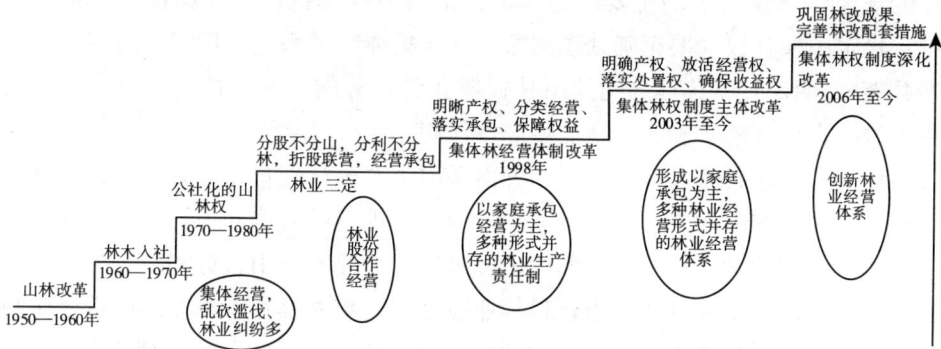

图 3-1 三明市林权制度的变迁历史

3.1.1 林业"三定"前

从中华人民共和国成立到 20 世纪 80 年代，三明市林权制度主要经过了山林改革、林木入社、公社化后的山林权等阶段。其中，福建省在 1951 年 9 月结合我国土改政策制定了《福建省土地改革中山林处理办法》，三明市作为福建省最为重要的集体林区，其山林改革大部分是在这一时期开始进行的。随后，中共福建省委指出山区和林区须大力发展以农业、林业生产相结合的合作社，且要求山林和土地一样进行入股，统一经营，使得农林生产相结合的互助合作组织得到了快速发展，尤其在 1995 年 2 月的山区工作会议中，在提出了山林入股政策和办法的初步意见后，林木入社陆续从试点工作转入有序发展起来。然而，在三明市开展林木入社工作后，主要存在以下几个问题。首先，工作进展缓慢，除了认识方面的原因外，方法过于复杂，也影响到入社的进度。其次，在政策执行上，贯彻资源互利原则做得不够，折价不够合理，个别社折给林农的山价，仅及应得山价的 1/6，甚至还有无代价归社的做法。第三，林木入社的方法，前段大都采取折价入社一种方法，由于森林面积、林龄、林地十分复杂，这种折价入社的方法，很难做到公平合理。因此，对林权制度需要提出新的要求。

3.1.2 林业"三定"时期

20 世纪 80 年代初期，中共中央、国务院联合下发了《关于保护森林、发展林业若干问题的决定》，明确规定保护森林发展林业的方针、政策，提出当前林业调整和今后林业发展的战略任务。福建省人民政府积极响应国家政策结合自身实际情况，于1981年7月1日发布了《关于稳定山权林权若干具体政策的规定》，《规定》的主要内容如下：稳定山权林权，要以现在的权属为基础；稳定山权林权，要正确处理国家与社队集体的关系；坚持"谁造谁有、合造共有"，明确社队集体之间的山林权属和收益分配；划给社员自留山，加快荒山绿化；认真落实和完善林业生产责任制。

因此，福建省绝大部分地区一方面采取了"分林到户"的方式，另一方面对于原来的自留山和责任山实行了"两山并一山"的方式并为自营山。三明市经过调查研究和试点探索，对集体山林采取"分股不分山、分利不分林，折股联营、经营承包"的办法，组建村林业股东会，率先推行了林业的股份合作制改革，取得了较好成效，为集体林的经营管理开创了新的出路，对于森林资源的健康发展、林业经营效率的提高及农户收益的增加都起到了重要的作用。

至1983年三明市林业"三定"工作结束，山林权属形成以下格局：在林地所有权中，国有林比重占11.16％，集体林比重占88.48％，未定权属林比重占0.36％；在林木所有权中，国有林比重占18.01％，集体林比重占81.16％，个人所有林（自留山）比重占0.18％，国有和集体共有林比重占0.27％，未定权属林比重占0.38％，因此，集体林的法律地位进一步得到确认和巩固。

3.1.3 集体林经营体制改革

1988年，三明市集体林区改革试验区成立后，立即将巩固完善林业股东会工作列为改革试验的重点项目，先后展开清理整顿、完善提高、划小经营单位、落实责任承包等一系列的实践探索，基本解决了竹林、茶果等经济林的经营管理问题，但对面积比例最大、群众最为关注的用材林及防护林的经营问题等始终没有大的突破。究其原因，主要有以下几方面：①思想解放的程度不够。林业股东会由于得到政府的充分肯定，导致了将产权落实到户的想法无法实现，深化改革无法进一步进行。②产权明晰的程度不够。虽然村集体已通过折股分配的形式将林木、林地资产的所有权明晰到个体农户，但由于缺少一个直观明了、全面彻底的产权明晰过程，因此导致大多数农户仍认为产权归村集体共同所有。③权责利不统一。随着农村经济体制改革的深化，林农作为真正的经营主体却没有得到山林经营权，经营权与所有权分离，同时村林业股东会作为所有者也没有产品处置权。④形式太过单一。"一刀切"的林业股东会形式，显然不能切合三明市所有区域的实际情况，部分地区林业经营的活力不高，林农缺乏自主选择权，参与经营的热情不高。⑤利益分配不均。在林业税费较高的情况下，林业股东会将经营收益的绝大部分留作村集体的公共资金，而林农几乎分不到直接的林业收益，导致林农林业经营积极性不高，盗砍滥伐现象严重，林业管理部门的管理难度日益加大，制约了集体林区整体的林业发展。

20世纪90年代末期，随着市场经济的快速发展，三明市的村林业股东会越来越不适应新的发展形势。1999—2001年，针对林业股东会出现的新情况和深层次的问题，三明市积极探索，开展了集体林经营体制改革，具体以"明晰产权，分类经营，落实承包，保障权益"为主要内容，突破了林业股东会、特别是分林分山到户的禁区，全面落实林改以后以家庭承包经营形式为主、其他多种林业经营形式并存的多元化林业生产责任制，激发了林农从事林业经营活动的积极性，较好地解决了毛竹、茶果等经济林的经营管理问题，并为后来的集体林权制度改革进行了实践探索和思想准备。

3.1.4　集体林权制度改革时期

三明市集体林权制度改革整体上主要分为两个阶段：一是主体改革阶段，时间从2003年至2005年，这一阶段的主要任务是明确森林资源的产权主体；二是深化林改阶段，时间从2006年至今，这一阶段的主要任务是全面推行以产权为主的各项配套政策和制度的实施。

3.1.4.1　主体改革阶段（2003—2005年）

第一阶段主体改革的主要工作是完成明晰产权、发放林权证等工作。主要目标是实现"山有其主，主有其权，权有其责，责有其利"。这一阶段通过产权的明晰建立起了森林资源经营主体多元化，权、责、利等相统一的林业生产经营管理新机制。福建省2003年4月出台了《关于推进集体林权制度改革的意见》，文件中明确提出了新一轮集体林权制度改革主要任务是"明晰产权，放活经营权，落实处置权，确保收益权"。同时，《意见》强调了在集体林权制度改革过程中要依法维护森林资源经营者的各项合法权益，最大限度地激发广大林农以及社会各方面造林育林护林的积极性，解放林业生产力、促进集体林区经济发展，增加农民收入，促进整个集体林区的林业可持续发展。"①

自2004年4月国家林业局确定三明市为全国集体林区林业产权制度改革试点以来，三明市各级各有关部门按照省委、省政府的统一部署及《三明市集

---

① 摘自福建省2003年《关于推进集体林权制度改革的意见》。

体林区林业产权制度改革试点方案》要求，因地制宜、加强领导、周密安排，扎实推进集体林权制度及其配套改革。截至 2005 年年底，三明市率先在全省完成主体改革和确权发证任务。三明市全市有 1 722 个村开展深化集体林权制度改革，其中有 1 712 个村完成深化改革任务，占有改革任务总村数的 99.4%；完成深化改革面积 1 628.0 万亩，占集体商品林面积的 95.8%；完成林权登记面积 2 579.5 万亩，林权证发放面积 1 524.6 万亩，分别占应登记发证林地面积的 94.8% 和 89.2%。

3.1.4.2 深化改革阶段（2006 年至今）

明晰林权主体仅仅是三明市集体林权制度改革迈出的第一步，只有全面深化配套改革，进一步建立和完善相关的后续支持制度建设，才能进一步巩固林改的成效。2006 年开始，三明市在稳定林地承包政策的基础上，进入了完善林权抵押贷款、林业服务体系和成立林业合作经济组织为主要内容的综合配套深化改革阶段，力图全面推进林权制度改革各个方面工作的开展。

第一，林业投融资体制的创新。积极探索林权抵押贷款各种实现形式，进一步简化林权抵押贷款程序，放低门槛，大力推行林权直接抵押贷款这一简单便捷方式，重点解决小额信贷和林农个体贷款问题，让林业生产经营中小散户和农村弱势群体真正受益，使之真正成为有力促进经济发展、有效防范金融风险和普遍惠及林农的好事、实事。

第二，森林资源流转的规范。按照"适时、适度"原则和限期、限量和现货的办法，正确引导林木林地产权流转，既盘活森林资源、搞活产权市场，又注意防止"暗箱操作"和过度炒作，频繁流转，防止乱砍滥伐，避免林农失山失地，确保广大林区群众有山可耕、持续增收，维护林区安定稳定。

第三，加快建立林农合作组织。按照三明市政府下发的《关于建立健全林业社会化服务体系，促进林农合作组织发展的意见》要求，引导林农以亲情、友情和资金、技术为纽带，建立家庭联合经营、委托经营、合作制、股份合作制等各种形式的新型林业经营实体，并加强指导，帮助他们不断完善相关规章、章程，改进内部管理，逐步走上规范化的联合经营路子。同时，鼓励企业与林农合作兴办原料林基地，实现规模经营、集约经营。引导林农建立林木种苗、护林联防等各类专业协会，并逐步形成网络，加强行业自律和行业保护，为林农提供优质的服务。抓好典型示范，加强信息、技术、培训、质量标准与认证、市场营销等服务，确保林农合作经济组织和各类专业协会健康有序发展。

第四，建立适应现代林业发展的新型社会化服务体系。在建立社会化服务体系方面，三明市主要采取三项举措：一是成立林业生产服务中心；二是规范林木林地合法流转；三是大力发展协会等民间中介组织，积极引导农民建立森林资源培育协会、林产品营销协会、护林联防协会等行业协会和中介组织，为林业改革发展筑起政府与经营者之间、经营者与市场之间的桥梁和纽带。

第五，积极推进生态公益林管护机制改革。2003 年，福建省启动实施集体林权制度改革，改革对象主要是商品林，这使得林农林业经营收益得以显著提高。随着社会经济的飞速发展，环境保护的压力逐渐增大。因此，进一步深化集体林权制度改革过程中，三明市也积极探索生态公益林改革，完善生态公益林的管护机制，以强化生态公益林保护。

3.2　三明市区域分布及社会经济发展特点

三明市现辖 2 区（三元区、梅列区）、1 市（永安市）、9 县（沙县、尤溪、将乐、明溪、清流、宁化、大田、泰宁及建宁县）。不同的区域在其发展过程中各具特色，抑或体现在经济社会发展水平上，抑或体现在区位、自然资源等自然禀赋上，抑或体现在林业的发展政策上，这些差异均与不同区域林业经营的发展密切相关。良好的区域经济社会发展环境不仅是林业经营发展的重要保障条件，也是森林资源培育和高效经营的前提和基础（陈丽荣，2011）。在实地调研中，我们发现在社会经济发展水平相对较高的区域，林农及社会各方面对林业的投入也更多，林业经营管理水平较高，同时政府对于林业发展优惠方面的政策也越多，其森林资源利用效率、林业生产力也高于其他地区。为此，在分析三明市不同林业经营形式现状及特征时，有必要对不同区域的社会经济发展水平、自然资源禀赋及林改政策发展的差异性特点进行分析，为后续各区域的林业经营发展提出有针对性和实际意义的建议。本节的数据来源于三明市人民政府网站、区县林业局网站、2013 年三明市区县林业统计年鉴以及实地调研。

3.2.1　经济发展特征

通常而言，一个地区的经济发展水平对林业资源的利用情况有着十分重要的作用。林业经济发展水平较好的区域，包括较高的 GDP、较高的林业产值、林改涉及更多的当地农户。农户人均收入及人均林业收入越高的区域，林农从事林业经营的积极性越高，从而林业资源利用率越高，促进林业经营效益的提高，同时，林业经营主要以第二、三产业为主，木材及林副产品的生产加工采用集约化规模经营形式。相反，在林业经济发展水平较低的区域，即使森林资源丰富，但由于受经济发展水平的制约，资源利用率较低，导致林业经营效率较低，大多仍停留在粗放的分散经营形式。

在三明市的社会经济发展中，林业发挥着尤为重要的作用，尤其是在集体林权制度改革之后，林农家庭和个人收入结构发生了改变，据统计截至2012年三明市林改共涉及农户数45.42万户，人口数179.08万人，林改县农民人均林业纯收入1 984.92元，比林改前的2003年增长了2倍。三明市12个区县在经济发展中与林改有关的情况如表3-1所示。

表3-1 三明市各县经济发展基本情况

区域	GDP（亿元）	林业产值（亿元）	常住总户数（万户）	林改涉及农户数（万户）	林改涉及人口数（万人）	林改县农民人均年收入（元）	人均林业收入（元）
梅列	195.93	1.04	4.56	0.47	1.42	6 768	2 852
三元	96.35	3.55	4.63	1.35	4.33	6 459	2 255
明溪	44.69	4.96	3.42	2.23	7.10	5 700	1 000
清流	60.92	4.58	4.25	2.30	12.00	4 560	480
宁化	80.86	8.21	9.04	5.70	23.58	8 000	3 000
大田	123.23	6.11	10.02	7.23	28.92	6 356	1 675
尤溪	139.28	17.00	11.56	9.10	36.40	6 000	1 400
沙县	145.81	10.29	7.59	5.11	17.12	10 000	3 098
将乐	77.55	7.16	4.65	3.14	12.57	5 600	760
泰宁	64.05	5.77	3.73	1.74	8.77	4 000	1 500
建宁	59.75	5.21	4.09	2.89	12.09	5 755	781
永安	246.42	10.90	9.59	4.16	14.74	10 028	5 215

资料来源：三明市人民政府网站、区县林业局网站、2013年三明市区县林业统计年鉴以及实地调研。

根据三明市各区县社会经济发展情况，分别采用层次聚类法中的最短距离法和最长距离法，对不同区域进行聚类，均得到了一致的聚类结果，通过对聚类结果进行归类，将三明市12个区县社会经济发展与林改有关的情况分为三类。第一类是沙县、永安；第二类是宁化、大田、尤溪；第三类是梅列、三元、明溪、清流、将乐、泰宁、建宁。

3.2.2 自然资源禀赋特征

三明市作为福建省的重点林区和全国集体林区改革实验区，森林资源丰富，生态环境良好。三明市森林覆盖率达到 76.8%，共有林地面积 189.47 万公顷，活立木蓄积 1.15 亿立方米，竹林储量 3.66 亿株，资源总量和商品林、人造板等主要林产品产量均占全省的 1/4。不同区域的林业资源特征，造成了林改不同区域农户林业生产经营及生活方式等方面的差异，竹林资源丰富的区域倾向于单户经营，而用材林丰富的区域经营形式较为多样化，三明市具体的集体林资源情况如表 3-2 所示。

表 3-2　三明市各区县集体林资源条件差异

	土地面积 （平方公里）	林地面积 （万公顷）	用材林面积 （万公顷）	竹林 （万公顷）	林木蓄积 （万立方米）	用材林 （万立方米）	毛竹 （万立方米）	集体经营公益林面积 （万公顷）
梅列	285.64	2.35	1.06	0.54	239.51	172.65	9.59	0.54
三元	660.33	5.48	2.27	2.09	489.52	352.69	41.21	0.98
明溪	1 663.06	14.09	8.06	0.90	1 265.25	781.65	1 122.85	4.10
清流	1 517.98	12.67	7.38	0.66	893.48	594.69	12.76	3.41
宁化	2 159.55	16.39	7.31	2.12	882.95	502.52	44.85	4.86
大田	2 068.62	15.82	8.19	0.65	862.63	647.77	13.08	4.13
尤溪	3 079.94	24.72	11.87	2.97	1 479.49	943.10	53.21	6.05
沙县	1 535.82	12.27	5.64	2.83	855.25	570.59	6 066.37	2.28
将乐	1 845.30	15.54	7.35	2.93	1 404.01	895.72	65.15	4.71
泰宁	1 233.47	9.73	4.61	1.47	679.39	434.94	22.51	2.98
建宁	1 550.66	12.65	4.10	1.67	755.05	391.61	4 063.76	4.06
永安	2 772.03	24.07	12.15	5.13	2 088.56	1 326.01	10 665.40	4.22

资料来源：三明市人民政府网站、区县林业局网站、2013 年三明市区县林业统计年鉴以及实地调研。

根据三明市各区县集体林资源分别采用层次聚类法中的最短距离法和最长距离法，对不同区域进行聚类，均得到了一致的聚类结果，通过对聚类结果进行归类，将三明市 12 个区县集体林资源情况分为三类：第一类是尤溪、永安市；第二类是明溪、将乐、沙县；第三类是清流、大田、宁化、梅列、三元、泰宁和建宁。

3.2.3　林改政策发展特征

自三明市实施集体林权制度改革以后，在明晰产权、林权抵押、森林保险、林地流转及合作经营方面都取得了较大的发展，具体如表 3-3 所示。截至 2012 年 5 月底，林地使用权登记发证面积 2 536.2 万亩，林地使用权登记发证率95.7％，其中国有林地使用权发证面积476.9万亩，集体林地使用权发证面积2 059.3万亩；集体林地所有权登记发证面积2 350.9万亩，林地登记发证率（集体林地所有权登记发证率）88.7％；共制作发放林权证66.5万本，林权证到户率98.1％，林地登记发证率和林权证到户率均居全省第一。

同时，新增林权抵押贷款2.13亿元，累计发放林权抵押贷款54.05亿元，其中新发放的林业小额贴息贷款0.38亿元，累计发放林业小额贴息贷款9.99亿元，贴息资金3 426.32万元，惠及林农17 066户。大力推进森林综合保险，全市商品林投保面积251万亩，生态公益林730万亩统保。

组建各类林业合作经济组织991个，其中工商登记注册的林业专业合作社271个，覆盖面67.7％。永安、尤溪、明溪3个市（县）被确定为全国农民林业专业合作示范县。采用林业小额贷款、扩大银行参与面、创新贷款模式等有效措施，有10家金融机构办理林业贷款业务。实施200万亩商品林科学经营示范工程，建成占地7 000亩的福建南方珍贵树种繁育中心，种植闽楠、红豆杉等珍贵树种5万亩，开展竹林高效经营示范，建立竹林示范面积36万亩。良好的林业发展政策，不仅激发了全社会投入林业经营活动的热情，同时也为林业的高效发展提供了良好的平台和保障。

表3-3　三明市各县林改完成情况

单位：万亩

	已确权集体林地面积	确权发证户均林地面积	纠纷争议面积	抵押面积	投保面积	流转面积	合作组织经营面积
梅列	31.59	73.47	1.57	0.61	136.6	4.26	0.05
三元	64.16	48.41	1.14	0.85	33.95	4.35	16.59
明溪	108.8	49.54	4.64	33.84	121.93	108.96	17.22
清流	134.84	58.63	0.85	71.73	186.81	40.17	55
宁化	245.06	68.64	3.13	23.88	256.18	30.37	12.39
大田	152.42	28.77	15.58	12.6	432.28	8.23	29.38
尤溪	254.8	42.33	15.87	111.66	490.67	96.49	39.6
沙县	135.91	27.4	5.3	10.01	464.7	17.02	24
将乐	190.63	59.39	1.91	66.49	211.44	14.7	5.78
泰宁	173.57	102.7	1.37	90.93	406.58	68.91	31.24
建宁	128.69	45.96	0.81	44.77	205.8	15.46	6.6
永安	197.03	47.42	7.33	267.31	378	31.23	99.6

资料来源：三明市各区县林业局网站以及实地调研。

根据三明市各区县林改发展情况，分别采用层次聚类法中的最短距离法和最长距离法，对不同区域进行聚类，均得到了一致的聚类结果，通过对聚类结果进行归类，将三明市 12 个区县林改发展情况分为三类：第一类：宁化、尤溪、永安、将乐；第二类：明溪、清流、大田、沙县、泰宁、建宁；第三类：梅列、三元。

3.3　三明市林业经营形式现状分析

福建集体林权制度将集体林木所有权、经营权和林地使用权落实到多个经营主体，形成了林业经营主体多元化，经营形式多样化格局。林改后，三明市作为改革颇具代表性的区域，集体林经营主要包括单户、联户、村民小组或自然村、股东会等多种经营形式。截至 2013 年 6 月，三明市全市已确权林地面积中，单户经营面积 804.57 万亩，联户经营面积 450.41 万亩。股份合作经营面积 81.49 万亩，其他形式经营面积 482.86 万亩。单户经营面积比重最高占 44.22%，股份合作经营面积比重最低仅占 4.48%，其中，12 个区（市、县）中，除明溪县以外，其余 11 个县单户经营、联户经营及股份合作经营面积均占各县已确权面积的 70% 以上，因此本研究选取单户经营、联户经营及股份合作经营三类作为林改后三明市主要的林业经营形式来展开分析。

3.3.1　三明市不同林业经营形式的相关发展政策

2005 年林改主体改革完成后，绝大多数林农获得了林业产权，根据不同林业经营形式类型与特点，孔祥智、陈丹梅等将三明市林业经营形式归纳为：家庭承包经营、家庭合作林场、股份合作林场、政府牵头、林农参与的林业协会等 5 类（孔祥智、陈丹梅等，2008），这些新型林业经营形式的发展，最大限度地调动了林农以及社会投入林业经营的积极性，激活了林业生产力，促进了集体林区社会经济的发展（卢榕泉，2007）。

虽然产权主体已经明晰，但分散的一家一户的林业经营形式显然不适应现代化林业的发展，同时由于分散经营，生产规模较小，经营效率较低，难以与林业经营高度发达的精细和专业化分工相匹配。因此，在"分林到户"的基础上进行整合是林业经营发展的必然趋势。如果之前历次林改不成功、制约林业发展的主要矛盾是林业经营产权主体不清的问题，那么现阶段三明市林业经营的主要问题就是如何解决高度分散的产权主体整合形成林业的高效经营发展模式。由于林业的特殊性，只有形成一定规模充分发挥其规模效益，才有助于林业经营效率的提高。

因此，只有在尊重林农经营意愿、明晰林业产权和明确经营收益分配的基础上，稳定林农单户经营，并且积极培育和发展一批新型的林业合作经济组织，逐步形成家庭联合经营、股份合作经营、股份合作林场、其他合作经营等多样化经营形式共同发展的趋势，才能充分发挥林业规模经营效益。为此，在林改后国家及三明市针对林业经营（营造林、抚育采伐、抵押贷款、林地流转、森林保险、合作组织）的发展方面颁布了大量政策文件，具体如表3-4所示。

表3-4　国家以及三明市针对林改后林业经营问题出台的政策文件

文件名称	颁布机构	出台时间	主要内容
《森林资源资产抵押登记办法（试行）》	国家林业局	2004.5.25	规范森林资源产权抵押行为，规定可抵押的森林资源种类、期限以及程序
《森林资源资产评估管理暂行规定》	财政部、国家林业局	2006.12.25	为了规范森林资源资产评估管理工作，确定需要进行资产评估的国有森林资源资产类型，确定评估机构与人员的职责、权利与义务，规定了国有森林资源资产评估项目核准工作的程序与申报材料详单，确定财政部与林业主管部门对国有森林资源资产监督检查工作的工作方法
《育林基金征收使用管理办法》	财政部、国家林业局	2009.5.25	规范育林基金征收使用管理，减轻林业生产经营者负担，促进林业可持续发展
《关于做好集体林权制度改革与林业发展金融服务工作》	中国人民银行、财政部、银监会、保监会、林业局	2009.5.25	文件指出各部门要积极做好集体林权制度改革与林业发展的金融服务工作，从林权抵押贷款、建立森林保险体系、引导多元化资金、加强信息共享机制等方面积极营造集体林权制度改革背景下林业发展的金融环境
《关于改革和完善集体林木采伐管理的意见》	国家林业局	2009.5.27	充分认识改革和完善集体林木采伐管理的重要意义，规范采伐管理的内容和方式；促进森林可持续经营管理体系建设；抓好森林采伐管理改革试点；做好集体林采伐管理的基础工作和相关改革；构建保障体系

（续）

文件名称	颁布机构	出台时间	主要内容
《关于促进农民林业专业合作社发展的指导意见》	国家林业局	2009.8.18	充分认识发展农民林业专业合作社的重要性；发展农民林业专业合作社的指导思想和基本原则；依法建立农民林业专业合作社；切实加强对农民林业专业合作社的政策扶持；不断强化发展农民林业专业合作社的组织保障
《关于切实加强集体林权流转管理工作的意见》	国家林业局	2009.10.15	充分认识加强集体林权流转管理工作的重要性；加强集体林权流转管理的指导思想和基本原则；依法规范集体林权流转行为；妥善处理集体林权流转的历史遗留问题；加强集体林权流转服务平台建设；强化集体林权流转的管理工作；加强集体林权流转管理工作的组织领导
《关于做好森林保险试点工作有关事项的通知》	财政部、林业局、保监会	2009.12.24	为进一步做好森林保险工作，逐步建立和完善森林保险制度，要充分认识森林保险体系建立的重要意义，提出政府、保险公司以及林农在森林保险体系建立中所担负的责任
《关于建立健全林业社会化服务体系促进林农合作组织发展的意见》	三明市人民政府		指出集体林权制度改革后，要尽快建立以明晰产权经营为基础、统分结合的双层经营体制，通过建立健全林业社会化服务体系，组建林农合作组织，协调林业各生产环节间的关系，加快林业发展
《关于推进林业合作经济组织建设的实施意见》	三明市林业局	2007.8.27	坚持以家庭承包经营为基础、"民办、民管、民受益"、因地制宜、按股份合作分配、市场运作和政府引导相结合、依法保护原则。要制定各种优惠政策扶持林业合作经济组织，确保其健康快速发展
《关于规范林木采伐计划分配和使用管理的意见》	三明市人民政府	2007.10.20	为使林木采伐指标分配更科学、更透明、更合理、更有序，对林木采伐指标的分配基础、分配方式、采伐类型、指标管理、民主监督等方面进行规范，建立了以森林数量和林分年龄为主导的林木采伐管理新机制，在很大程度上缓解了采伐指标分配矛盾

各项文件的颁布，一方面体现了国家对于林业发展的高度重视，另一方面也是林业自身发展的内在需求，规范了林业经营过程中的各项经营行为，创造了林业经营管理的新机制。

3.3.2 三明市的主要林业经营形式

3.3.2.1 单户经营

单户经营也称家庭经营，是指以单个家庭作为基本的经营单位，自主安排造林、抚育、采伐等一系列林业经营活动的组织形式。一般而言，单户经营这一形式能够将产权的激励效应发挥到最大，能够使经营主体通过对资源权属（林地使用权及林木所有权和处置权）的拥有降低对未来林业经营的不确定性。当林农认为经营林业获取未来收益的概率较大时，单户经营的林农会倾向于积极从事林业经营；相反则会通过流转将林地流转出去而从事其他行业。在集体林权制度改革后，绝大多数林农拥有了林地且选择自己经营，因此林业单户经营是基础，构建新型林业经营创新体系时，必须始终坚持和稳定单户经营的主体和主导地位。

具体而言，单户经营包括 20 世纪 80 年代林业"三定"时期的自留山经营、新一轮林改均山到户经营、承包山及大户承包林地三种类型的经营管理形式，每户拥有一本林权证。其中，自留山经营一般以村为单位，将荒山、荒沟、荒滩均分到户，林农对林木享有永久的所有权、使用权、收益权以及部分处置权；均山到户经营是指在集体林权制度改革后，个体农户对分到的集体林享有占有权、使用权、收益权以及国家政策和本组织章程所允许的处分权，独立行使经营自主权；承包山实行的是有期限（30～70 年）的承包经营政策，在本集体经济组织内配置给农户经营的林地，其林地所有权属集体，承包者必须与发包方签订承包合同，明确双方的责、权、利，在承包期限内林地使用权和林木所有权、使用权归承包者所有，承包期内允许继承和流转。

大户承包主要是在经济利益驱使下，一部分林业劳动力充足、资金充足的农户，在林权流转制度改革的大背景下，通过承包、流转等主要方式形成大户，村内承包、流转手续简单，经过村集体同意农户之间签订合同即可。在调研中，我们发现大户主要以木材经营专业户或村干部为主，普通农户由于自身资金、眼界、风险承担能力的限制，成为大户的较少。在本研究中，单户经营这一形式不包括大户承包经营。

3.3.2.2 联户经营

联户经营，作为林权改革后仅次于单户经营的最主要的经营形式，学术界对此研究并不多，关于定义并没有统一的认识，联户从法律的视角认为是由 2 个以上的农户通过自愿的方式组合成的联合体（杨萍，2008）；从市场竞争机制的视角认为林农根据拥有的林地、资本、林业生产经营等情况，选择与自家承包的林业相近的或者效益较高的林农联合形成联合经营，弥补林农自身经营不足，提高林业经营效率，以更好地应对市场需求（肖铭心，2011）。

在本研究中，我们认为联户经营是指在林改后两家或两家以上的多个农户在自主自愿和明确利益分配的基础上，以亲情、友情、技术、资金等为纽带，联合共同承包经营一片或几片的集体林地，风险共担，并通过协商达成一致的经营管理办法和利益分配机制的经营形式。除此之外，针对研究区域三明市，一些区域林地由于历史遗留因素，一部分村集体林改后资源权属不明晰而无法划分到户，只能采取确权到组的方式，由村集体组织划分到村小组，各个小组统一经营小组的林地，这种林业经营的形式也属于联户经营。它的优点在于不仅能有效规避山林划分中出现的困难，减少纠纷的发生，而且有助于实现规模经济，充分体现了农民自主选择经营形式的灵活性和创造性。通过对农户的个别访谈和农户问卷了解到，农户对村小组联户经营的经营形式满意度不高，经营积极性低于单户经营，但对于劳动力外出打工人口较多的林农而言，这种联户形式一定程度上降低了林地的荒废率。

3.3.2.3　股份合作经营

林业股份合作经营，是指结合现代股份合作制，发挥合作经济优势的一种新型组织形式。由于林业本身的规模经济效应十分明显，且单个农户没有足够的能力经营上规模的林业。为了能够有效发挥林业经营的规模效应，提高林业生产经营中各环节的劳动生产率，实现规模扩大而产生的生产要素的优化组合，从而提高劳动者的劳动生产率，农户自愿或半自愿地以入股的方式联合在一起组成了具有一定规模的林业股份经营组织。

股份合作经营是按照合作制的原则，吸收股份合作制的优势，山权不变，林权共享，兼有劳动力、资金、技术和土地等统一经营、统一管理的新型林业经营形式，农户以林地、林木或者劳动力入股的形式参与经营。资本是以股份合作为主构成，股东共同劳动，收益分配主要采取按股、按户或者按人分配的形式；权益共享，风险共担，自负盈亏，独立核算。一般而言，股份合作经营可以使林业经营主体最大限度吸收全社会闲散资金，拓宽投资渠道，促进生产要素的合理流动和组合，降低经营风险，提高全社会资源的配置效益。

3.3.2.4　其他经营

其他经营形式包括，由本集体经济组织以外的单位和个人等采取招标、拍卖、公开协商等方式承包经营集体林地的经营形式。特别指出，本研究把在林改过程中仍由村集体组织成员对山林进行管护、造林和采伐等活动，对山林所有权无法明晰的集体林经营管理形式（即集体统一经营）也归入其他经营形式范围。

3.4　三明市不同林业经营形式的变化情况及原因分析

从 2005 年林改主体改革完成到 2012 年，三明市 12 个区县林业单户经营、联户经营、股份合作经营以及其他形式经营的发展变化如表 3-6 至表 3-9 所示。通过这些表可以看出，三明市和各个区县各种经营形式在不同时点都存在一定的差异。整体上呈现出从单户经营逐步向联户经营、股份合作经营及其他经营形式发展的趋势。这主要是由于三明市林权制度改革的主体改革是以确权为主要目标和任务的，因此在主体改革完成初期（2005 年），分林到户以后的单户经营形式比重最高，几乎各区县单户经营比重都在 2/3 左右。这时，由于农民刚刚通过林权制度改革分到林地，林业生产经营意愿强烈，农民对拥有自己的林地感到十分满足，希望通过家庭单户经营的方式来实现林业生产经营并获得收益。但随着林地细碎化、单户经营生产经营成本高、风险大等问题的日趋突出，由于林业生产具有周期长这一特殊性，农民对从自己的林地获取收益这一愿望难以在短时期内得到实现，在这样的现实情况下，单户经营的农户逐渐意识到以单户形式经营林地存在诸多困难和问题。加之林改深化阶段各项配套政策的出台为多种经营形式的发展，尤其是以规模化经营为主的林业生产经营形式提供了各种发展机会和优惠政策，此时的森林资源经营主体就产生了对其他的以合作为主的经营形式的需求。因此，随着改革的不断推进和深化，各项配套改革的逐步完善和推进使三明市林业经营形式发生了变化，单户经营从 2009 年以后开始逐渐减少，农民开始通过多种经营形式进行林业生产经营。联户经营、股份合作经营及其他经营形式也逐渐发展起来，形成了目前三明市多种经营形式并存的林业生产经营现状。

具体而言，三明市及各区县的单户经营面积和比重变化情况如表 3-5 所示，根据实地调研的统计数据可以看出，整个三明市的单户经营面积比重从 2005 年到 2012 年呈明显下降趋势。就各区县而言，明溪、清流、大田、尤溪、将乐这五县单户经营比重下降比较明显。尤其是大田县到 2012 年单户比重仅占 2.2%，这主要是大田县的历史遗留问题造成的。1999 年开展集体经营体制改革后，大田县是全市唯一没有按时验收的县。此次林改中，有 262 个村实施了深化改革，占全市有改革任务村数的 15.2%。造成这样的原因主要是在未发证的林地中，有47.79％的林地存在山林权属争议，16％的林地因林业"三定"毗邻村双方未签字等原因无法明确林地归属而无发证面积，9.12％的林地村委会未申请登记发证面积（亩）。大田县改革以后由于权属问题，能够分到户的林地最少，从而导致单户经营的比例明显下降。目前单户经营比例较高的县（区）是三元区、泰宁县、建宁县和沙县（单户经营比重均在60％以上）。这是由于林改以后这几个县（区）分林到户的林地较多，农民经营意愿比较强烈，因此以单户的家庭经营为最主要的经营方式。

表3-5　各县单户经营形式经营面积及比重变化图

区域	2005年		2009年		2012年	
	面积（公顷）	比重（％）	面积（公顷）	比重（％）	面积（公顷）	比重（％）
三明市合计	583 537.95	67.36	448 608.86	42.16	536 049.60	44.24
梅列	5 009.27	45.77	3 120	28.66	4 873.33	23.14
三元	25 293	71.91	22 333.47	58.73	32 714.60	76.49
明溪	40 800.93	78.95	27 238.40	40.03	21 361.73	29.45
清流	44 237.87	71.38	23 560	28.76	23 560	26.21
宁化	66 916.67	62.74	44 313.33	40.18	81 606.67	49.95
大田	76 282.47	77.93	2 233.33	2.26	2 233.33	2.20
尤溪	66 080.20	66.83	70 826.67	41.70	70 826.67	41.70
沙县	43 445.67	72.41	47 693.33	56.82	56 860	64.02
将乐	51 735.33	54.06	38 053.33	33.53	38 293.33	30.13
泰宁	37 446.60	62.56	39 133.33	50.60	70 046.67	60.53
建宁	51 929.47	66.76	55 326.67	68.76	58 660	68.37
永安	74 360.47	67.73	74 777	57.11	75 013.27	57.11

数据来源：数据为实地调研所得。

三明市及各区县联户经营形式的经营面积及比重变化情况如表3-6所示。从统计数据可以看出，三明市联户经营这一形式的比重整体上呈现增长趋势，从2005年的12.57％增长到2012年的24.77％，但总体比重不高。这主要是由于一方面联户经营有助于促进要素的组合，提升林业规模效益，降低林业经营风险，另一方面分林到组也是由于历史遗留原因造成的。其中三元、建宁的联户经营比重不断减少；清流、宁化、尤溪、永安的联户经营有一定程度的增加，联户比重最低的是三元县，比重为0％，比重最高的为大田县，比重为75.65％。三明市2003年开始的新一轮林权制度改革在进行主体改革时，一部分林地由于森林资源权属归村小组所有，但林改前已经被企业或私人承包，林改时承包的期限未到，造成主体改革时无法分林到户。但当这一部分林地承包到期后，在林改分林到户的要求下，这一部分林地就会被重新分配给老百姓，此时再分配的方式多以分林到村小组为主，因此形成以村小组为单位的联户经营。清流、宁化、大田、尤溪这几个县在林改时已经被公司或大户承包的林地较多，在承包到期后以分林到小组形式进行分配的情况大量存在，因此这几个县的联户经营的比重有所上升。

表 3-6　各县联户经营形式经营面积及比重变化

区域	2005 年		2009 年		2012 年	
	面积（公顷）	比重（%）	面积（公顷）	比重（%）	面积（公顷）	比重（%）
三明市合计	108 903.87	12.57	256 689.45	24.12	300 107.93	24.77
梅列	2 336.60	21.35	4 213.33	38.70	6 246.67	29.66
三元	8 365.87	23.78	4 413.33	11.61	0.00	0.00
明溪	7 379.07	14.28	14 107.67	20.73	14 107.67	19.45
清流	9 179.93	14.81	26 760.00	32.67	32 093.33	35.70
宁化	14 544.80	13.64	28 220.00	25.59	44 733.33	27.38
大田	6 616.53	6.76	50 200.00	50.73	76 866.67	75.65
尤溪	12 608.07	12.75	51 093.33	30.08	51 093.33	30.08
沙县	6 141.87	10.24	9 133.33	10.88	5 066.67	5.59
将乐	836.93	0.87	34 693.33	30.57	34 693.33	27.30
泰宁	10 212.93	17.06	16 000.00	20.69	17 266.67	14.92
建宁	18 860.67	24.25	1 293.33	1.61	1 293.33	1.51
永安	11 820.60	10.77	16 561.80	12.65	16 646.93	12.67

数据来源：数据为实地调研所得。

三明市及各区县股份合作经营形式的经营面积及比重变化情况如表 3-7 所示，从整体上而言，股份合作经营虽然能更好地发挥规模效益，也得到了政府的大力支持和鼓励，但整体上比重呈现下降趋势，在 2012 年仅占 4.48%。三明市早在 20 世纪 80 年代就进行过集体林权制度改革，最早的集体林经营的探索就是成立了股份合作林场。但在后来的几次改革中股份合作林场模式并没有得到持续推进。新一轮集体林权制度改革以后的股份合作经营有别于当年的股份合作林场，其经营主体主要是村集体，经营对象大都是由过去村集体无偿划拨所提供的林地。在实地调查中发现，各个县股份合作经营的发展和变化情况有所不同。绝大多数县由于过去股份合作林场仍旧存在，林改以后由于分林到户的需求将股份合作林场的集体林逐渐分配到户，因此股份合作经营的比重有所下降。同时，大多数区域现有生产力发展水平无法满足股份合作经营的要求，使其发展受到制约。但梅列区、建宁县等股份合作经营比重在林改以后明显增加。这是由于林权制度改革初期，股份合作发展比较缓慢，随着改革的不断推进，诸如林权抵押贷款、林业专业合作社、林地流转等各项配套改革政策逐步完善，为股份合作经营提供了良好的条件和外部环境，此时在农民自身对林业规模化生产的需求下，股份合作形式就开始快速发展。进一步分析当前股份合作经营的现状发现，在具体进行股份合作经营时，基本按照"统一林地准备、统一造林、统一管护、统一采伐、统一分红"的方式进行，主要由村集体成立的股份合作林场进行造林和管护，有固定经营场所、经营管理组织机构和从业人员，收益由村级林场与村集体按比例分成或定额上缴。除了以村集体为经营主体以外，另一种最普遍的形式是林改以后快速兴起的股份合作社。这种股份合作经营形式与村集体股份合作林场类似，都是以"统一经营、统一管护、按股分工"为主要原则进行的。有所不同的是，合作社的形式相对比较自由，加入合作社的经营主体并不一定是村集体所有成员，一般而言是由能人带动的一定范围内的股份合作经营。

表 3-7　各县股份合作经营形式经营面积及比重变化

区域	2005 年		2009 年		2012 年	
	面积（公顷）	比重（%）	面积（公顷）	比重（%）	面积（公顷）	比重（%）
三明市合计	70 786.45	8.17	51 365.74	4.83	52 534.66	4.48
梅列	720.53	6.58	2 506.67	23.03	3 073.33	14.59
三元	1 461.93	4.16	0.00	0.00	0.00	0.00
明溪	3 153.73	6.10	3 044.13	4.47	4 046.73	5.58
清流	5 648.07	9.11	0.00	0.00	0.00	0.00
宁化	7 501.80	7.03	0.00	0.00	0.00	0.00
大田	4 906.13	5.01	0.00	0.00	0.00	0.00
尤溪	10 955.33	11.08	7 666.67	4.51	7 666.67	4.51
沙县	8 786.00	14.64	6 266.67	7.47	5 873	6.61
将乐	8 999.00	9.40	0.00	0.00	6 660.00	5.24
泰宁	5 628.73	9.40	8 666.67	11.21	0.00	0.00
建宁	5 782.53	7.43	16 860.00	20.95	18 860.00	21.98
永安	7 242.67	6.60	6 354.93	4.85	6 354.93	4.84

数据来源：数据为实地调研所得。

三明市及各区县除单户、联户和股份合作经营以外，其他林业经营形式的经营面积及比重变化情况如表3-8所示，从表中可以看出，近年来各区县的其他经营形式面积及比重有所增加。这主要是由于林改主体改革完成以后，森林资源经营主体进一步明确，经营主体数量骤增。森林资源经营主体的多元化决定了各主体对林业经营形式的多元化需求，因此越来越多的创新经营形式得到了迅速发展。

表3-8 各县其他经营形式经营面积及比重变化

区域	2005年		2009年		2012年	
	面积（公顷）	比重（%）	面积（公顷）	比重（%）	面积（公顷）	比重（%）
三明市合计	103 077.39	11.90	307 467.66	28.89	321 176.33	26.51
梅列	2 878.33	26.30	1 046.67	9.61	6 866.67	32.61
三元	53.27	0.15	11 279.60	29.66	10 055.47	23.51
明溪	342.93	0.66	23 656.93	34.77	33 016.60	45.52
清流	2 912.07	4.70	31 586.67	38.56	34 240.00	38.09
宁化	17 687.13	16.58	37 753.33	34.23	37 033.33	22.67
大田	10 075.60	10.29	46 513.33	47.01	22 513.33	22.16
尤溪	9 227.47	9.33	40 280.00	23.71	40 280.00	23.71
沙县	1 623.80	2.71	20 846.67	24.84	21 013.33	23.66
将乐	34 133.53	35.67	40 753.33	35.91	47 440.00	37.33
泰宁	6 570.80	10.98	13 533.33	17.50	28 400.00	24.54
建宁	1 207.53	1.55	6 980.00	8.68	6 980.00	8.14
永安	16 364.93	14.91	33 237.80	25.39	33 337.60	25.38

数据来源：数据为实地调研所得。

结合三明市目前与林改有关的社会经济发展、集体林资源及林改政策情况聚类结果分析，以及在实际调研过程中对10个区县的座谈总结，我们发现，在现有的集体林生产力水平和农户自身经营管理能力有限的情况下，农户大多还是倾向于个体单户经营。再结合三明市的林业"十二五"规划区域布局中指出的"一轴两翼"的发展布局特点及三明市林业经营形式现状分布，对三明市目前的林业经营格局及特点进行划分，最终分为三类。第一类：永安、三元、梅列、沙县；第二类：尤溪和大田；第三类：明溪、清流、宁化、建宁、泰宁及将乐，具体如表3-9所示。

表 3-9　三明市林业经营格局及特点

空间分布	构成	区域特点	目前主要的林业经营形式
主轴	永安 三元 梅列 沙县	集体林资源丰富 交通便利 林改政策发展良好	以单户经营及其他经营形式为主，林业经营形式多样化
东南翼	尤溪 大田	人口密度大 栽培高产高效经济林基础好	股份合作经营及联户经营为主
西北翼	明溪 清流 宁化 建宁 泰宁 将乐	人口密度小 特色资源培育基础好 生态区位重要 森林旅游资源丰富	单户经营、联户经营、股份合作经营、其他经营（招标、拍卖、公开协商）等多种经营形式并存

　　永安、三元等区县，集体林资源丰富、交通便利、政府政策发展良好，农户更愿意选择单户经营；尤溪和大田两个县人口密度大、资源培育基础较好，适合发展股份合作及联户等集约化经营形式；明溪、清流、建宁等偏远地区适合多种形式共同发展。

3.5　目前存在的问题

　　基于三明市林业经营形式的演进和结构变化特征，结合与市（县、区）林业部门的座谈，三明市林业经营存在的问题主要体现在森林综合效益发挥、资源培养和生态保护有待加强，需要不断优化管理体制，完善林权配套政策等。具体如下：

　　三明市森林资源丰富，森林蓄积量居全省第一，但是还有一定面积的水土流失区存在，以及部分郁闭度 0.2～0.4 的低质林分。森林生态优势难以发挥，森林文化建设尚处在探索阶段。需要不断地加强资源培育，重点生物防火林带造林，珍贵用材树种造林，重点区位速生大苗补植，福银高速尤溪段进行森林生态景观示范段建设。深入推进"四绿"工程建设，提高城乡绿化一体化水平。当前，森林经营水平也需要进一步提高，从而推进树种结构调整和低产林改造，提高林分质量和效益。生态建设中出现的新情况、新问题，还需要更加积极地探索各类林业主体营林投入、森林管护等新机制。

森林经营主体多元化，规模集约经营难度加大，营造林质量有待进一步提高。森林防火扑救手段和保障措施不够有力，林业有害生物特别是松材线虫病防治形势比较严峻，"蚂蚁搬家"式破坏森林资源、木材加工企业乱收乱购等现象时有发生，产业发展与林地保护矛盾突出，资源保护亟须强化。现行的森林资源管理单位是以县级为单位，当前财政体制还存在透明性公开性不足问题，地方保护现象极易发生，对森林资源的开发和利用需要加大整合力度，进而将整体优势充分发挥。

林业管理过程中，涉及较多的法律法规政策，因而也存在较多、较繁琐的行政审核审批事项。现存的林业审核审批事项主要在省级和县级部门集中，省级应该采取精简、委托、下放的政策，同时各县（市、区）也要进一步探索创新审批服务的方式，以达到清理简化程序流程的目的。当前对集体林业经营、管理等发展体制机制创新不够。林业科技创新能力不强，科技成果转化率不高。创新工作思路、转变方式方法、破解发展难题能力有待提高。三明市目前林业工作具有跨行性的特点，涉及行业拓展的领域较多，特别是在生物医药、制浆造纸、开发家具、会展筹办、两岸合作方面，必须不断地推进体制的变革创新，改进现行工作方式，以提高管理部门的服务水平。

相关的配套制度不够完善。林农分到的林地经营面积小而散，小林户与大市场之间的矛盾日益显现，这与林业经营的特征不相符，与规模经营、集约经营要求相悖，但要把众多的林农组织起来，按照林业经济合作组织的模式来统一经营，又面临入社退社、利益分配、民主管理等法律法规政策制约。当前社会化服务水平不高，林业服务中心建设水平不够，也缺乏林业投入机制，制约着融资机制的发展，还存在艰巨的"兴林富农"的任务，比如林业合作组织的发展、林业保险的推进、林地流转的进一步规范以及林下经济发展等问题。

3.6 本章小结

本章基于三明市林改制度的发展历程、各区县的社会经济发展、自然资源情况、林改政策情况及主要经营形式（单户经营、联户经营、股份合作经营）的现状、特点，分析了林改后不同经营形式的发展变化原因及存在问题。具体如下：

（1）三明市作为福建省重要的集体林区，林业资源丰富，林业发展水平相对较高，各区县在自然禀赋、经济社会资源、林改政策发展上各具特色。三明市也是国务院集体林区改革的实验区，是改革开放以来两次林改的主要发源地。在集体林权制度改革后率先完成了林改的主体任务，截至2012年5月底，林地使用权登记发证率95.7%，林权证到户率98.1%，均居全省第一，并在林地流转、林权抵押贷款、森林保险、林业合作组织等配套政策方面林改成效显著。

（2）总的来说，在林改后三明市林业快速稳定发展，形成了林业经营主体的多元化和经营形式的多样化格局。其中，林业经营形式以单户经营为主逐步向联户经营、股份合作经营及其他经营形式共同发展，具体各区县各种经营形式在不同时点的分布存在一定的差异。这主要是由于分林到户初期农民生产意愿强烈，但随着林地细碎化、经营成本高、生产周期长、风险大等问题的出现。加之林改配套政策中的合作经营优惠政策逐步完善，因此联户经营、股份合作经营及其他经营形式也就逐渐发展起来。

（3）就各区县单户经营而言，明溪、清流、大田、尤溪、将乐这五县单户经营比重下降比较明显。尤其是大田县到2012年单户比重仅占2.2%，这主要是大田县的历史遗留问题造成的。同时，大田县改革以后由于权属问题，能够分到户的林地最少，从而导致单户经营的比例明显下降；而三元区、泰宁县、建宁县和沙县的单户经营比重均超过60%。这主要是由于林改以后这几个县分林到户的林地较多，农民经营意愿比较强烈，因此以单户的家庭经营为最主要的经营方式。

（4）就各区县联户经营而言，三元、建宁的联户经营比重不断减少；清流、宁化、尤溪、永安的联户有一定程度的增加。这主要是由于三明市在林改时，由于历史遗留及林地承包期未到等原因，导致林改时的再分配方式多以分林到村小组为主，因此形成以村小组为单位的联户经营。在调研中发现，清流、宁化、大田、尤溪这几个县在林改时已经被公司或大户承包的林地较多，在承包到期后以分林到小组形式进行分配的情况大量存在，因此这几个县的联户经营的比重有所上升。

（5）就各区县股份经营而言，在实地调查中发现，绝大多数县由于过去股份合作林场仍旧存在，林改以后由于分林到户的需求将股份合作林场的集体林逐渐分配到户，因此股份合作经营的比重有所下降。但梅列区、建宁县等股份合作经营比重在林改以后明显增加。这是由于林权制度改革初期，股份合作发展比较缓慢，随着改革的不断推进，各项配套改革政策逐步完善，为股份合作经营提供了良好的条件和外部环境，此时在农民自身对林业规模化生产的需求下，股份合作形式就开始快速发展。

　　然而，三明市的林业经营也存在着一些问题和困难，诸如森林综合效益发挥不够、集体林权制度改革配套政策不够、资源培育和生态保护有待加强、管理体制有待优化等方面。基于对三明市林业经营形式现状的概述和梳理，对后文农户对林业经营形式选择、林业经营效率、林业经营绩效等具体问题的研究起到一定的铺垫和基础性作用。

第4章 不同林业经营形式的差异性分析

集体林产权制度改革后，涌现出以林农为主体的多元化林业经营主体以及家庭承包经营为主的多样化林业经营形式。然而，无论分散的家庭承包经营还是合作经营，都是我国社会经济发展的必然结果。因此，不同林业经营形式的存在，既有其自身存在的客观原因，受生产力水平的影响，同时也受相关政策等外部因素的影响。其根本目的都是追求自身利益的最大化，然而不同的林业经营形式在形成的过程、权属特征及经营管理方面都存在较大差异。

为此，本章首先从林业经营体系的构成出发，结合三明市主要林业经营形式的特点，讨论了不同林业经营形式的转换机制，在此基础上，对不同林业经营形式的差异性进行系统分析，包括在形成历史、权属、经营管理、资产使用及应对风险方面的差异，同时基于实地调研，探究不同经营形式的经营主体之间是否存在显著差异，以期为农户选择不同林业经营形式的影响因素、林业经营效率及林业经营绩效等相关问题的研究提供基础。

4.1 林业经营体系的构成

林业经营体系是一个完整的动态发展体系，主要由林业经营主体、林业经营客体（林地、林木资源）、林业经营保障（林业政策服务体系）等三大要素组成一个完整开放式的发展体系。其中，林业经营主体体系包括经营主体所拥有的资金、劳动力、技术水平、管理能力等素质因素；林业经营客体体系包括林种、林地规模、立地土壤、气候、活立木情况等因素；而林业经营保障体系包含林业产业政策、林政资源管理体系、林业社会化服务体系（如技术服务、三防体系、市场体系如活立木市场、木材市场）、投融资体系（如贷款方式、投融资渠道）等因素（图4-1）。

三大体系相互联系、相互影响，是一个有机整体。林业经营主体体系可通过林业经营保障体系进行调整、补充、重组、优化获取资金，提高技术水平，

调整、补充、重组、优化

林业经营主体	林业经营保障体系	林业经营客体
资金 劳动力 技术水平 管理能力	林业产业政策 林政资源管理体系 林业社会化服务体系 投融资体系	林种 林地规模 立地土壤 气候 活立木情况

出让、重组、购买、拍卖

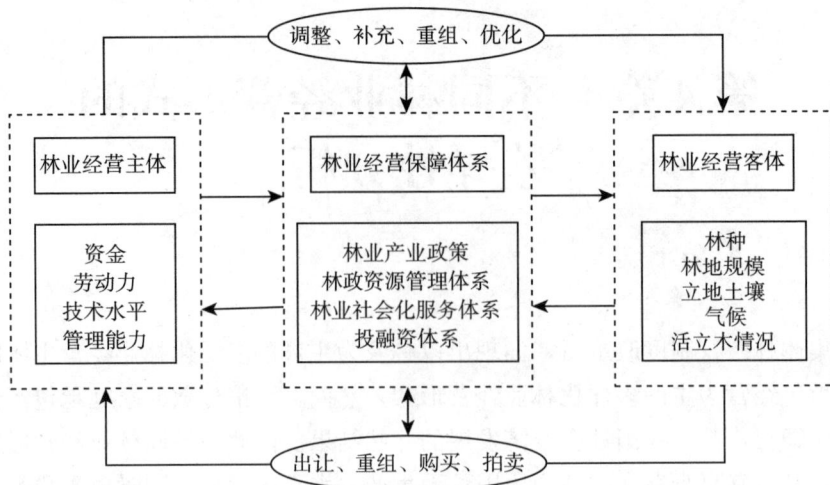

图 4-1　林业经营体系

增强管理能力等改善经营主体素质与林业经营客体体系相匹配适应；同样林业经营客体体系也可以采用出让、重组、购买、拍卖等经营手段改变林业经营客体体系状况，实现资源优化配置，避免稀缺林地资源浪费。例如，林业经营主体在相关政策制度保障体系下，可根据自身条件采取不同的林业经营形式进行生产要素组合作用于客体林地资源以获得利益，当分散的单户经营形式资金、劳动力等要素相对较低时，林地经营生产效率也会较低，但如果将生产要素组合进行优化、重组通过联户经营、股份合作经营后再作用于林业客体林地资源就能促进林地的高效经营，而其中林业经营形式的发展离不开林业经营保障体系。因此，林业经营保障体系作为灵活性最大的一个系统显得尤为重要，为社会资源包括非公有经济主体等多元经营主体投资者、资金、技术等因素参与林业提供了可能，为林业经营实现价值提供平台。然而，在集体林权制度改革后，不同的林业经营形式对应不同林业经营保障体系。

任何一个子系统若不统一，都会影响整个林业经营系统的发展，林业经营综合绩效的提高。尤其是林业经营保障体系的滞后，会制约经营主、客体两大体系的合理流动与要素科学配置，导致林地资源等生产要素的浪费，同时阻碍了非公有经济等投资主体、社会资金、技术成果等社会资源的参与、流入，不利于林业的跨越式发展，如何搞好林业政策服务体系建设，实现三大体系和谐，创建一个宽松和谐的林业发展环境在当前林业发展中就显得尤为重要。

4.2　不同经营形式的转换机制

不同的林业经营形式对于林业经营体系的良好发展有着极为重要的作用，而不同的林业经营形式的构成原因错综复杂，在内生动力和外生动力的作用下，单户经营会向组织合作化程度更高的联户经营或者股份合作经营发展；同时联户经营或股份合作经营也有可能因为内生或外生动力向单户经营转变。其中内在动力主要指的是市场竞争因素和劳动力因素，外在动力指的是政府及当地林业合作组织发展因素。

4.2.1　转换的内生动力

4.2.1.1　市场竞争

新一轮集体林权制度改革以后，我国南方集体林区将林地所有权和使用权分离，森林资源产权明晰到户的同时，林地细碎化日趋严重（程云行等，2004）。随着市场经济体制的不断完善，在分散的家庭经营形式下，林地生产经营效率低下，相应的分工协作化程度低、不能有效地应用新技术，经营实力弱小、难以应付市场变化，这些统统都不利于林业规模效益的发挥，无法实现高效经营（杨永军，2006）。在市场竞争的刺激下，理性的经营主体开始寻求新的经营形式来解决林地生产力效率低下的问题，因此通过合作组织化的生产经营增强其市场竞争能力，成为林农最好的选择（李宏印等，2010）。同时，林农还希望合作组织能根据他们各自在林业经营过程的需求提供各种生产经营服务，使得他们能够更好地面对竞争激烈的市场环境，从而降低经营风险、减少经营成本，获取最大的经营收益。

基于有限理性行为学，家庭承包制下的农户在给定的约束条件下，对于不同林业经营的选择，他们会比较各种组织与制度的成本与收益，进而做出最优选择，以追求自身利益的最大化为基本目标。同时，他们会意识到林业经营活动生产要素的投入、在林业抚育过程中要素的短缺以及采伐后木材的销售是影响林业生产经营目标能否得以实现的主要因素。具体而言，林农对生产要素（包括资金、劳动力、技术以及种苗、化肥、农药）等的需求，可能导致其对合作化（联户或股份合作）的渴望；而从生产过程来看，生产过程即生产力要素（劳动者、劳动资料和劳动对象）组合的过程，当农民作为林业生产中的主要劳动者使用劳动资料（林业生产经营设施）作用于劳动对象即林地时，若出现生产要素短缺，农民会产生合作化（联户、股份合作）的需求；从产品销售的环节来看，能否争取较好的销路和较高的价格，产品能不能卖出去，都会直接导致单户经营的农户对联户、股份合作等经营形式产生强烈的需求。

理性的农户，在市场竞争的推动下，若合作收益大于成本（组织成本和机会成本），农民会自发建立联户、股份合作经营。其中，农户需要承担的组织成本主要包括成立组织所需要的管理成本和物质成本等。而机会成本指的是经营主体由于将精力投入到组织合作中而放弃的其他收益；若该种需求还能够在市场上以较低成本获得满足，合作收益小于成本，理性的林农则会直接通过市场供给的方式来满足自身在生产经营过程中的需求问题，而不愿加入合作组织，具体情况如图4-2所示。

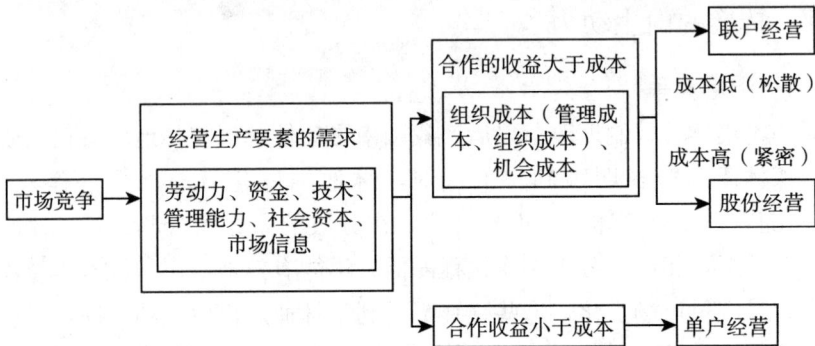

图4-2　基于市场竞争因素不同林业经营形式的转换

4.2.1.2　劳动力

近年来我国城镇化发展速度不断加快，受农村中非农产业和第三产业的影响，使农民对土地的经济性依赖度大大降低，进城务工的农民越来越多，大量农村劳动力外流，导致目前在农村的劳动力以老人和小孩为主，出现主要劳动力丧失劳动能力的情况。在生产要素短缺中，资金和劳动力短缺是导致农民合作需求变化的主要因素。由于农户会出现劳动力短缺，理性的农户会采取相应解决方法，主要的途径有两种：一是通过自己解决，雇工经营、林地外包（委托作业）或者进行林地流转解决，二是通过加入林业合作经营形式（联户或股份合作）来解决。如图4-3所示，由于主要劳动力丧失劳动能力所导致的劳动力短缺现象，通常只是个别情况，可通过雇工经营来解决；劳动力转移造成整个村集体劳动力短缺时，经营主体无法通过雇工经营、林地外包和林地流转来解决问题，农户对合作化（联户、股份）的需求便会出现，合作化经营即成为解决劳动力短缺的主要手段，可见，劳动力转移是导致林农产生合作化（联户、股份合作经营）的主要因素之一（陈楠，2010）。而当农户劳动力充足时，则愿意选择单户经营形式以获取更多的收益。

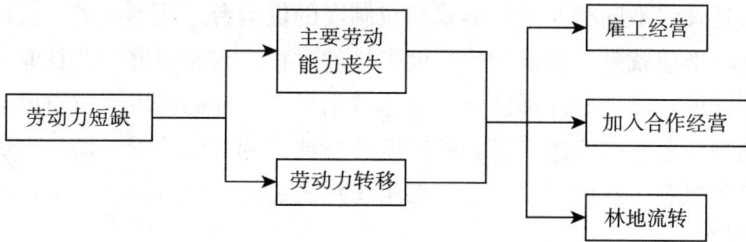

图 4-3　劳动力短缺对农户林业经营的影响

4.2.2　转换的外生动力

4.2.2.1　林业合作经营形式的发展

当地林业合作经营形式对联户和股份经营的发展有促进作用。由于集体林权制度的改革，林业合作经营组织在木竹加工企业方面的数量明显增加，而原料供应不足和企业间的竞争必然导致原料价格上升，木竹原料的需求量相应增加。在竞争日趋激烈的情况下，企业就有了和林农合作的需求。林业合作经营条件下能保证稳定的原料供应，林业合作经营组织一般专业化程度高，其商品率和生产收入水平均较高，带来了较多的货币收入，加大了资金积累能力。另外，加上其从事商品性的扩大再生产，积累的动因会随着市场需求的扩大而不断增强。合作经营的形式对更多利润的追求促使其更新设备，应用新技术，提高相关产品的质量，以满足市场对林产品的需求。

在这一背景下，林业合作经营组织以中介组织充当桥梁的作用与农户联系，产生了多种合作经营的形式，通常是基于信用关系，亲戚、朋友及邻居关系的联户经营；基于契约的村股份合作经营，及村社集体统一组织经营，有较大的行政色彩（图 4-4）。以经营区为中心，在市场化运作的基础上，与林农合作成立股份合作林场，从而辐射带动周边群众规模经营。

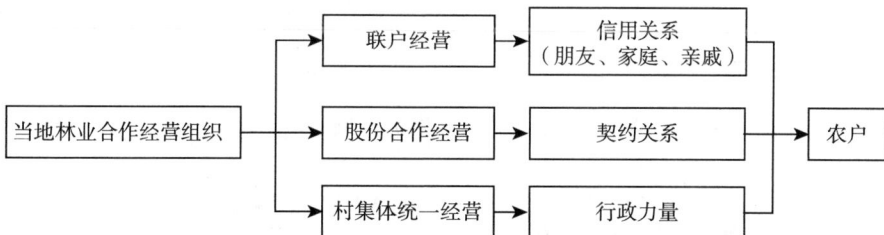

图 4-4　当地林业合作经营形式对农民生产经营组织化的影响

4.2.2.2 政府

政府是林农不同林业经营形式相应制度的供给者。从本质讲，农民生产经营组织化的形成就是政府强制性制度安排的过程，政府通过推动林业合作化组织形式的发展，能更好地保证国家整体政治经济目标的实现。政府可以通过提供相关的制度服务改变组织存在的制度环境或强制实施政策，增加组织的潜在收益或获利机会，从而诱使林业经营组织形式的发展向有助于整个社会可持续发展的方向发展。

我国新一轮林权制度改革以后，集体林地的产权制度和相应的资源经营管理制度已经初步形成。林地和林木的所有权和使用权在林业产权制度中的进一步明晰，为林业经营活动提供了基本的产权保障。资源经营管理制度中林权登记管理、林地的流转和林权抵押贷款等，使林地规模化经营成为可能。因此，从政策上为林业合作经济组织的建立提供了制度基础。

同时，政府并不是直接的动力主体，而只是起到间接的推动作用。通过给予宣传、优惠和扶持政策作用于多种合作经营形式、林产品市场或其他相关动力主体，促进合作经济组织的健康发展（Edmonds，2002）。例如政府大力扶持林业产业，提高林业生产利润率，从而强化组织化的内在动力；政府通过对林业合作经营给予一定政策扶持，强化当地林业合作组织的带动作用；政府通过相关政策促进农村劳动力转移，刺激林业生产对劳动力的需求，客观上也就是促进了当地农民加入组织化经营，如图4-5所示。

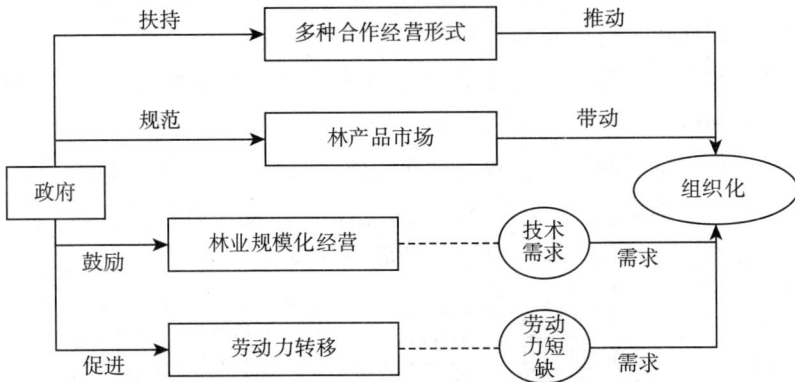

图4-5 政府对林业经营组织化的作用

因此，林业经营形式系统中，上述的两个动力层次通过不同的作用和不同的组成方式影响林业经营组织化发展。在市场竞争驱动下，农户会意识到林业经营活动生产要素的投入、在抚育过程中要素的短缺以及采伐后木材的销售是影响林业生产经营目标能否得以实现的主要因素，都有可能导致他们对生产经营中组织化的渴望，可以说，农民合作组织化发展的"源动力"是内在利益需求，同时，需求也是林业合作经营组织和政府的主要作用对象；外生动力是农民合作组织化的重要推动力量，主要通过改变不同经营组织形式的预期和效用，同时借助利益机制影响制度变迁和引发利益冲突。政府、林业合作经营组织是农民经营组织化的外生动力的主要构成部分，其中，政府和林业合作组织作为农民组织化的主导者，影响和控制着林业经营的发展方式和方向，但只有农民合作组织化的内在需求和外在动力共同作用，且外生动力更好地服务于内生动力时，整个林业经营系统才能更好地发展，如图 4-6 所示。

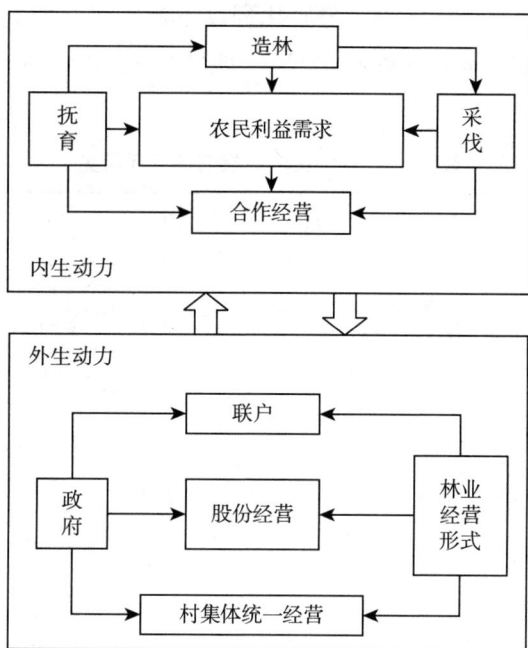

图 4-6　林业经营形式的转换系统图

结合三明市的林业经营形式特点来看，股份经营的数量减少，起初是受到外因林改分林到户政策的引导，同时也由于林业整体经营水平不高、林业自身特点、林业合作效益不高等因素影响，许多农户失去了合作经营的内生动力，并结合自身家庭现状，还是理智地选择利益更加直接的单户经营。因此，不同的林业经营形式并存是农户理性选择及外生动力共同作用的结果，利益驱使的内生动力是核心，外因是推动力，只有内外动力相互协调统一，才能使不同的林业经营形式更好地发展。

4.3 不同林业经营形式的形成差异

4.3.1 我国集体林权制度变迁的历史

回顾中华人民共和国成立以来集体林权制度改革的历程，经历了多个时期的多次巨变，但总体上呈现出产权公有程度的倒 U 形的规律。在中华人民共和国成立初期，我国的林权制度频繁更迭，严重影响了林业的持续稳定发展。具体而言，从 1949 年土地改革时期的林权私有、林地均分到1978年人民公社时期的公社集体所有，使林业公有制产权的公有化程度在 20 世纪 80 年代达到了最高。在此之前，公有化程度不断加强，而在此之后，公有化程度则不断减弱（郑风田等，2009）。具体的我国集体林权制度变迁如表 4-1 所示。

表 4-1 我国集体林权制度变迁历史

时间	目标	依据	特征	成效
土地改革 1949—1953 年	封建地主所有制向农民私人所有制转变	1950 年 3 月颁布的《中华人民共和国土地改革法》	强制性制度变迁	全国建立了一批全民所有的大林场、森工企业，林农通过土改分得林地，拥有对山林的支配权，激发了林农经营的积极性
初级农业生产合作社时期 1953—1956 年	私人拥有林地所有权、合作社拥有使用权	1953 年 12 月 16 日《关于开展农业生产合作社的决议》	诱致性与强制性制度变迁	林农将林地折价入社，经营权归合作社、所有权归林农，所有权与经营权分离，开始了"规模经营、合作造林、谁造谁有、伙造共有"的复合型林权制度
高级农业生产合作社时期 1956—1958 年	私有林权制度向公有林权制度的转变并定型	1955 年 10 月 4 日《关于农业合作社问题的决议》	强制性制度变迁	废除土地私有制，使土地由农民所有转变为合作集体所有。林区除少量零星树木仍属社员私有外，大部分森林、林木、林地产权转变为合作社集体所有。集体所有、集体统一经营
人民公社时期 1958—1978 年	土地进行统一规划、统一生产、统一管理，分配实行平均主义	1958 年 3 月《关于小型的农业合作社适当地合并为大社的意见》1958 年 8 月《关于在农村建立人民公社的决议》	强制性制度变迁	合作社的土地和农民的一切土地连同一切生产资料、公共财产都无偿地收归公社集体所有。林农失去了林地的所有权，生产积极性受到了严重打击

（续）

时间	目标	依据	特征	成效
林业"三定"时期 1978—1992 年	稳定集体山林权、划定自留山和确定林业生产责任制	1981 年 3 月中共中央 国务院《关于保护森林发展林业若干问题的决定》	诱致性与强制性制度变迁	由集体统一经营改变为农户家庭经营，森林资源的所有权和使用权分离，林地的所有权归集体所有，但是林农享有林地的使用权，可以对林地进行生产经营，并且获得收益。林产品经营方面由原来的统一购买和销售为主导，变为了以市场为主导的销售行为。通过林权证的发放，来确定林业产权的主体，改变了林权不清、权责不明的状况
林业多样化经营改革时期 20 世纪 90 年代中期至 21 世纪		1995 年《关于森林资源资产产权变动有关问题的规范意见》	诱致性与强制性制度变迁	对森林资源产权的进一步明确，规定农民可以对自己的林地进行流转，这是我国首次出台的林业产权流转的规定
集体林权改革时期 2003 年至今	确定农民经营林业的主体地位，实行"均山制"	2003《关于加快林业发展的决定》	诱致性与强制性制度变迁	森林资源产权的一次新的变革，是继土地联产承包责任制以后的新的土地革命。对森林资源产权进行细分和明晰，以林权证的形式赋予农民林地使用权和林木所有权。并且出台一系列保障政策对林权的使用和收益权进行保障

　　新时期的中国林业发展问题，尤其是党的十八大以后生态文明建设背景下的现代林业发展问题，都应该是以林业的可持续发展为基础的。以往受传统的以 GDP 为导向的发展观的影响，任何行业的发展都是以追求经济利益为基本目标的，因此在行业发展过程中忽视了自然资源本身可持续利用的问题。林业作为一种公益性行业，本身就具有经济、社会、生态等多种效益，但改革开放以后我国的林业发展才逐渐开始重视森林的生态效益，尤其是南方集体林区，一直采用以用材林为主的生产经营方式，更是忽略了森林的多种效益问题。20 世纪 80 年代至 90 年代，经济的快速发展导致了森林资源受到严重破坏。

　　历史上林权的多次变动，政策多变给农户造成了影响。历次的林权变动很少考虑农户的利益，使农户失去了营林的兴趣，今后林业产权制度变迁要充分考虑到林业生产的特征，增强政策的实效性，稳定农户经营意愿，保证以农户利益为先（刘璨，2007）。

4.3.2 单户经营的形成历史

我国林业单户经营的变迁是与农村土地制度紧密联系在一起的。最早的家庭经营是依据 1950 年中央人民政府政务院发布的《关于全国林业工作的指示》,《指示》指出农户拥有林地、林木的所有权、使用权、收益权和不完全的处置权,林地允许买卖、赠与、典当和出租。随后,1978 年我国农村开始改革,农村土地所有权与使用权分离,我国农村组织结构由集体经营向家庭经营转变,家庭经营承包责任制在我国逐渐普通化,所有权和使用权进行分离,形成了一种共有私用的林地产权制度。因此,改革开放以来,我国集体林的经营中单户经营一直是占据主导地位的产权制度安排形式(刘璨,2008)。中共中央、国务院在 2003 年 6 月发布《关于加快林业发展的决定》,该《决定》是近 20 年以来党中央颁发的关于林业最重要的一个决定,《决定》指出在保持林地集体所有制不变的前提下,把林地的使用权交给农民,让农民依法享有对林木的所有权、收益权和处置权。

4.3.3 联户经营的形成历史

在林业经营体制改革时期,我国南方部分地区出现了村民小组、自然村的全体或者若干农户联合承包林地,实行共有林权经营的形式,即联户经营。尤其是在 2003 年《关于加快林业发展的决定》颁布后,福建省率先出台了《福建省人民政府关于推进集体林权制度改革的意见》,《意见》指出林地只承包到村民小组、自然村的,要充分尊重农户意愿,允许多种经营形式并存的集体林经营体制,其中包括联户经营及其他经营形式。

4.3.4 股份合作经营的形成历史

实行家庭经营为主导的集体林地共有产权制度以后,农民造林积极性低、社会福利损失、林地生产力水平和全要素生产率下降、农民没有从林业经营中获得与林地规模以及农民的生产要素规模相称的收入水平(刘璨等,2007)。随着国家经济体制改革的不断深入,林业也开始实行股份合作制改革,从根本上而言,股份合作经营最初的形成是在 20 世纪 80 年代初期,福建省永安市采取"分股不分山、分利不分林"办法,组建了以村为单位的林业合作社,使其成为集体山林经营管理的主体,主要是为了解决集体山林经营管理缺乏活力和生机的问题。经过实践证明,永安市的集体林权改革的创新,不仅能避免分林到户可能带来的弊端如林地细碎化和乱砍滥伐,又能激发农民林业生产的积极性，在福建省三明市得到了推广，被中共中央办公厅誉为"中国农民的伟大实践"而在全国推广。

我国对于林业经营形式的分类和界定，主要依据 1988 年林业部发布的《关于加速发展森工企业多种经营若干问题的暂行规定》。《规定》确立了我国以国家、集体、个体的林业生产经营形式为主，同时发展股份合作制经济、合作经济、联合经济等多种经营形式。这是我国第一次从宏观政策上对林业生产经营形式的多样化经营进行改革，确立了我国林业生产经营形式多样化的格局。

1992 年农业部发布了《农民股份合作企业暂行规定》和《关于推行和完善乡镇企业股份合作制企业的通知》。这些政策规定使股份合作制企业的建立有了具体的章程依据和利益激励，此后不少省区也都纷纷结合本地的实际情况提出了关于股份合作制的意见或规定，从而使股份合作制这一新的企业组织形式在各地迅速普及开来。不仅有效地防止了乱砍滥伐森林、增加了林农防灾抗灾能力从而降低经营风险，同时通过集中资金，也有助于林业规模经济的实现。

4.4　不同林业经营形式的差异性

不同林业经营形式具有各自独特的经营特点，其差异性主要体现在林业资产的权属、具体林业经营过程、林业资产的使用及应对市场、自然风险的能力等方面。

4.4.1　权属差异

不同林业经营形式对于林业资产的所有权、使用权各不相同。林业产权不仅具有产权所包含的一般特征，还因林业的特殊性，具有这几方面的特殊性：林业产权收益的外部性、排他的有限性、林业产权界定和保护的困难性、交易的复杂性、资产的流量性、收益预期的不确定性和林业产权计量的困难性（廖文梅，2011；高岚，2005）。以三明市当前的林业产权情况来看，无论哪一种经营形式，林地的所有权均归集体所有。单户经营形式中农户的自主权最大，林地的使用权、林木的所有权和处置权都归个体所有；而联户经营形式的林地使用权、林木的所有权和处置权都属于合作的农户共同所有；股份合作经营形式中林地的使用权、林木的所有权和处置权都归合作经营组织中的股东所有，具体情况如表 4-2 所示。

表4-2 不同林业经营形式的权属差异

经营形式	林地所有权	林地使用权	林木所有权	林木处置权
单户经营	集体	个体林农	个体林农	个体林农
联户经营	集体	联户合作林农	联户合作林农	联户合作林农
股份合作经营	集体	股份合作林农	股份合作林农	股份合作林农

其中，不同林业经营形式的林权证是不同的。单户经营的林权证一本归个体农户所有，一户一本；联户经营的同一本林权证归联户合作的农户共同所有，所有联户成员各持一本内容相同的林权证（各农户的林权证除持证人名不同外，林地面积、四至界限等林地地块基本信息完全相同）；股份经营的林权证是多本归股份合作的林农共同所有，各农户林权证均为个体农户家庭林地面积。

4.4.2 经营管理差异性

不同经营形式的经营管理差异性在整个林业经营的过程中都有所体现，从经营投入到整地更新造林、抚育、采伐，日常管理及最终的收益分配均存在差异，如表4-3所示。

表4-3 不同经营形式的经营管理差异

经营形式	经营要素投入	整地更新造林、抚育、采伐	日常管理	收益分配
单户经营	个体林农	个体林农	个体林农	个体林农
联户经营	联户合作林农	联户合作林农	合作林农	合作林农
股份合作经营	股份合作林农	专业工作队	专业工作队	按入股比例分配

从表4-3中可以看出，单户经营形式在整个林业经营中所有投入都是农户自己承担，因此所得的利益当然也归农户自己所有，但个体林农自身经营能力往往有限、家庭林地有限导致了林业经营目标往往较低，而联户经营和股份经营虽然经营能力较强，经营水平较高，追求较高的经营目标，但在所得利益分配中存在着分配不均等问题；在整地造林、日常管理和防护活动中，联户经营形式都由联户的林农承担，较单户经营更科学；而股份合作经营中的整地造林、日常管理和防护由股东或雇工来完成，在利益分配上，则按入股比例在股东之间分享。具体不同经营形式的特征分析如下：

4.4.2.1 单户经营形式的特征

单户经营作为我国林业发展的基本组织形式，从根本上解放了农村生产力，让林农获得充分的经营自主权，能够最大限度地发挥产权的激励效应，使农户能够根据自身经济约束条件选择收益最大的投资方式。

　　家庭作为林业经营的主体，在经营过程中可以对林业生产投入要素林地资源、物质资本（资金）、人力资本（劳动力）等进行自由安排组合。其中，林地资源（来自自留山、均山到户及承包经营）受立地条件、林木质量及林地分散度的影响；人力资本受农户的受教育水平影响；劳动力受家庭劳动力外出打工的影响，而当物质资本不足时主要依靠贷款来解决。从要素的所有权角度讲，所有权基本呈现"家庭独占"；从使用权角度讲，要素配置总体上呈现以"家庭"为单位，在家庭内部实施要素配置，林农生产积极性高的特点。在市场竞争机制下，家庭生产规模较小、经营成本较高、投资风险大，理性的经营者会利用市场重新配置资源进行林业经营活动来实现自身效用的最大化，在林产品的销售环节大部分是采取商贩上门收购的形式，这种经营整体上而言基本上是封闭型的。从经营最初生产要素投入都是农户自己承担，因此所得的利益当然也归农户自己所有（图4-7）。

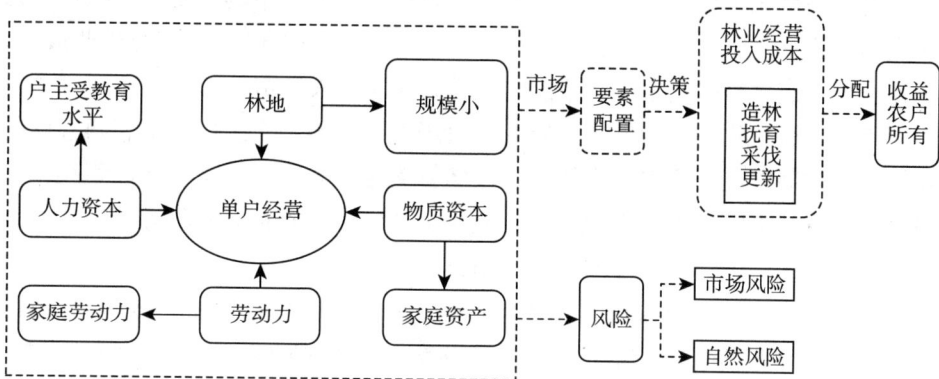

图4-7　林业单户经营过程图

　　其优势主要体现在：一方面，单户经营可根据经营情况自主决定林业生产经营投入的数量和结构，自主决策选择种苗及对农药化肥的投入量，且不存在协管成本，从而能有效地规避合作经营中协商成本的问题，并且林农还能根据经营的实际情况及时调整投入的程度。另一方面，如果林木受到病虫害等危害，单户经营的林农能够迅速做出反应，并及时进行有效的处理和防治而不需要与其他人长时间的协商以期达成一致的意见。在未来林业收益上，也不存在与外人分割林业收益而产生不确定性的风险。

　　然而，林业自身特点决定了林业经营具有前期造林抚育投入大、回报周期长、经营风险高且收入不确定性等特点。由于林业前期投入大且回报周期长，使家庭资产有限的单户经营林农无法获取足够稳定的资金投入林业；林业采伐限额制度也可能制约林业经营。同时，市场信息不够完善，没有稳定的销售渠道，决定了单户经营在苗木的选择、森林培育、林木采伐等方面都存在诸多的问题。除此之外，单户经营受农户自身的整体素质、自身的生存环境、科技水平低、政治上的弱势、组织上的分散等因素影响，还具有盲目性、自发性、随性、无规划、无组织等缺点。

4.4.2.2 联户经营形式的特征

联户经营形式的整个林业经营过程，造林、抚育、采伐都由联户组织参与或雇人完成，经营收益按照各户的参与联合经营的林地面积分配。联户经营的形成主要是由于理性的农户为了追求更高的收益或规避经营风险。在经济学上，"利益关联/利益驱动"是决定人们的行为和态度的重要因素之一（Daniel，2009）。利益驱动是林业经营的动力源泉，对林业联户经营的产生起着巨大的推动作用。此外，农户家庭林地面积小、经营过程中缺少资金和劳动力或历史遗留问题无法分割等原因形成联户经营形式。参与市场交易时，联户经营形式不仅要承担所有可能的自然和市场风险，还负担着组织内部的协调成本。因此，这些因素共同决定了联户的稳定性及未来发展趋势。

其中，联户收益的增加主要来源于对于经营成本和交易成本费用两方面的降低。一方面对经营成本的降低，联户经营克服了单户经营中林地面积小，相同的林班种植不同林木产生的摩擦，减少了造林工资和林地地租等。另一方面在于对市场经营中交易费用的节约。当其他条件不变时，交易次数越多会导致交易费用越大。而相同的条件下参与市场交易，联户经营以一个经济共同体的形式比单户经营更能有效降低市场交易频率、交易中的不确定性和交易成本，从而有效筛选交易对象，发挥群体优势。

然而，在规范性较差的情况下，联户经营就会出现林权纠纷增多、资源权属不明晰等诸多问题。（银小柯、王文烂，2011）。由于联户一般由两个或两个以上的农户组成，农户自身文化素质、家庭规模和家庭经济水平等方面存在着很大的差异，而联户经营往往是由于林地地块难以分割而进行的联合，而并非每个联户的成员经营要素资源的优化组合，因此联户本身就存在着很大的潜在风险。同时，林业生产经营具有周期长的特点，在联户经营的农民进行生产经营的过程中，从整地造林到抚育采伐，中间很多环节都需要联户的成员进行协商共同决定，林农之间便会产生很多的协调和组织成本。从产权理论的角度来看，这些都属于交易成本。若在经营的某些环节林农存在一定的分歧，就会大大增加交易成本，交易成本过高的情况下就很容易导致联户经营的林农缺乏积极性，难以保证各个环节对森林资源经营管理的良好效果。一般地，当联户经营的成员数量较少时，出于理性的考虑，成员会根据实际的交易成本的高低来选择是否参与联户经营，或者参与联户经营的积极性高低。

　　所以，在联户经营中需要解决的关键是联户经营的规模问题。实际上，联户经营所产生的边际交易费用会随着联户数量的增加而减少，进而导致参与联户的林农所需要承担的交易费用也会降低，于是大量分散林农加入联户经营的意愿增加，而促使联户经营组织规模的进一步扩大，即收益大于成本（袁迎珍，2004）。但是，当联户规模进一步扩大时，会造成联户组织内协调和运行成本的增加，终将使新增成员的额外收益减至为 0，最终出现成本大于收益的情况。因此，就理论而言，当联户参与数量达到边际成本等于边际收益的临界点时，不应再扩大其经营规模，如图 4-8 所示。

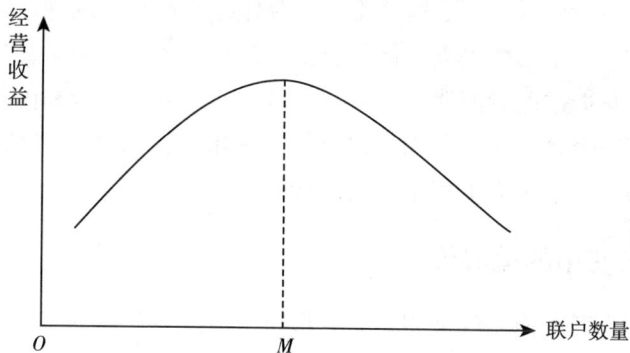

图 4-8　联户形式户数与收益的关系

4.4.2.3　股份合作经营特征

　　股份合作经营的整个林业经营过程，造林、抚育、采伐都由股东或雇人完成，经营收益按照入股比例在股东之间分配。统一规划、统一经营管理，规模较大，权属清晰，股东高度参与经营决策，权责明确，经营风险较小，而且规模化经营效率较高。

　　股份合作经营将分散在千家万户的林地或资金或劳动力等生产要素集中在一起，实现优化组合，各生产要素合理流动，规模经营，能极大地发挥林业的规模经济效应，最终形成新的林业生产力，提高林业生产率；更容易进入金融市场，获得金融机构贷款，为林业发展注入资本；加速了林业科技的推广应用，并采用林业新品种、新技术和新设备，适时地进行生产调节，同时能迅速响应市场信息的变化，从而获取最大利润；股份合作也更容易形成林业产、供、销一体化的服务，克服市场进入壁垒，掌握较为完整的供应链信息，从而获取更高的林业收益，摆脱在相关产品市场竞争中的困境，进而提高林业的整体效益，增加农户的林业收入。除此之外，林业股份合作经营注重长期经营收益，有更多的激励性措施，对当地的区域经济有辐射和带动作用，在对农村闲散劳动力的安置等方面可以促进农村剩余劳动力向第二产业和第三产业转移，从而加快农村城镇化和社会化的进程。

然而，林业股份合作经营大部分尚未形成有效的监督和决策机制，也没有明确的准入、准出的规定和完整的章程。因股东占有不同比重的股份，使控制权和股权集中在少数人手里，而分散的组织参与人员和组织内部信息的不流畅，很可能会导致小股东的权益被忽视，从而产生利益分配不均的问题。有效的监督和约束机制的缺乏则难以克服组织内领导人的道德风险和机会主义行为，这些都极大地降低了林业股份合作经营的效率。

股份合作经营和联户经营同样都属于合作经营，虽然两种经营形式在造林后的前4年都进行了集中投入，但林业主要是自然再生产的生长过程，而长期的自然再生产会造成两者的明显差别。股份合作经营的运行和内部协商等组织成本始终贯穿整个林业生产周期，且只能在林木主伐后才能得到相应的补偿，在没有收益的情况下仍需承担组织的运行成本。

4.4.3 资产使用的差异性

林权证作为资产使用的证明，主要作用包括以下几个方面：保护持证人的合法权益；调解林权纠纷的重要依据；明晰产权和资产评估的依据；申请林木采伐的要件；征占林地获得补偿的唯一凭证；林地流转的必备条件；作价入股和林权抵押的主要凭证。犹如土地使用证和房产证一样，是林权权利所有人应当享有相关国家法律法规所赋予的保护。因此，不同经营形式资产使用存在的差异具体如表4-4所示。

表4-4　不同经营形式资产使用存在的差异

经营形式	林地流转	林木采伐	林权抵押
单户经营	流转意愿强烈，较易实现	林农自己申请采伐指标，非常困难	林农自主申请，意愿强烈但难度大
联户经营	可流转，但需经过所有持证者同意	申请采伐指标时需要所有持证者同意方可申请	联户申请贷款需所有持证者同意，最容易出现纠纷
股份合作经营	一般以"公司＋农户"的方式进行流转	一般由能人出面，采伐指标相对容易获取	由合作社出面进行抵押贷款

在享有林权证持有人的所有合法权益和获得征占林地补偿中，三种经营形式的农户具有相同的权利；而在林地流转、采伐指标申请、林权抵押贷款等具体活动中，单户经营的农户在林业经营过程中的经营自主决策权最大；而参与联户经营的农户在林权资产使用过程中具有一定的自主决策权；参与股份经营的农户的自主决策权最低。

4.4.4 应对风险的差异性

在林业经营过程中，经营主体遇到的风险主要包括：自然灾害风险（风、雨、泥石流、火）、病虫害、人为破坏风险（乱砍滥伐），生产技术风险，面对市场及国家政策等方面的风险。通常而言，导致林业经营面对风险的原因有很多，这些风险会同时存在于森林培育和生产经营的各个阶段，而不同的经营形式在应对风险时也呈现出一定的差异。

如表4-5所示，单户经营形式在应对自然灾害风险的能力方面，当个体农户自身经营能力较强，能够迅速对自然灾害、病虫害进行及时处理、有效防治而无须与其他外人协商以达成一致的意见时，可能比联户经营形式及股份合作经营形式应对自然灾害风险的能力要强；相反，当个体农户自身经营能力较差时，自然灾害、病虫害将对单户经营形式造成严重影响。而在人为破坏风险（乱砍滥伐）、技术风险、市场风险及政策性风险等方面，由于联户经营与股份合作经营形式的林业经营规模较大，林业经营要素投入较充足，一般而言应对风险的能力较强。

表4-5 不同林业经营形式应对风险能力的差异

经营形式	自然灾害、病虫害	人为破坏	技术因素	市场因素	政策性风险
单户经营	不确定	较弱	较弱	较弱	较弱
联户经营	较强	较强	较强	较强	较强
股份经营	较强	较强	较强	较强	较强

4.5 基于农户样本特征的差异性分析

4.5.1 数据来源

4.5.1.1 问卷设计

不同林业经营形式的选择和农户自身条件密切相关，而不同经营形式的农户之间究竟有哪些差异呢？本小节结合市（区、县）相关林业部门和乡政府访谈设计了相应的农户问题，主要包括：家庭人口基本信息、家庭资源财富信息、家庭林业经营信息、集体林权制度改革基本情况及农户对不同林业经营形式的认知与态度等内容，如图4-9所示，家庭人口基本信息表主要包括以下内容：户主的基本信息（性别、年龄、受教育程度、健康情况、民族、从事的职业类型、外出打工时间，是否为林业干部、家庭人口数量及家庭劳动力数量等。

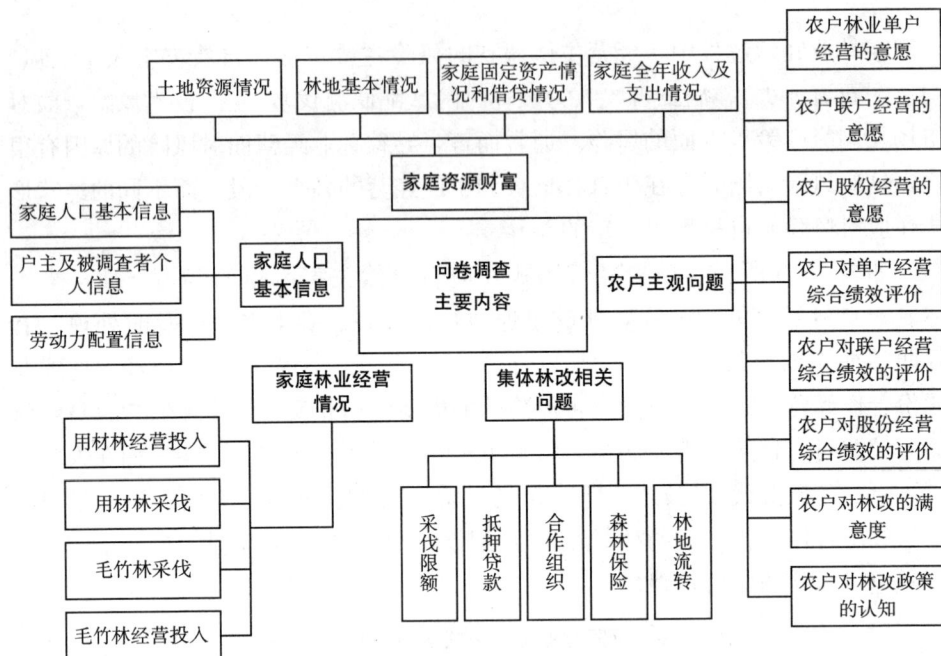

图4-9 问卷调查的主要内容

家庭资源财富信息包括家庭固定资产、生产资料情况、家庭收入情况（农业、林业、打工、其他）、耕地和林业资源情况。家庭林业经营情况包括每一块林地具体的信息，每块林地的性质、面积，经营的起始年份，林地的起源，所种的树种，经营形式、林地质量、离家的远近距离等。其中林业经营部分包括对于用材林的经营投入和收益及毛竹的经营投入和收益，以及在经营过程中面临的问题和困难等。

集体林权制度改革基本情况主要包括：林农对于林改政策的满意度、对森林保险、抵押贷款、合作组织、林地流转、公益林补偿等相关配套政策的认知及农户对不同林业经营形式的认知与态度：农户对不同林业经营形式的经营意愿及综合绩效评价（包括生态、经济及社会绩效）。

4.5.1.2　样本分布

本研究采用实证研究方法于 2012 年 7 月、2013 年 1 月、2013 年 7 月、2014 年 1 月共 4 次对三明市 10 个县域、23 个乡镇、60 个村、1 025 户农户进行了访谈和问卷调查。在选取样本用户时依据典型抽样和随机抽样相结合的原则，对于常年在外打工的农户问卷样本和问卷数据信息缺失严重不完整的样本进行剔除，最终的总体有效问卷为 998 份，调查问卷有效率达 97.36%。具体样本县分布如表 4-6 所示。

表 4-6　样本县分布示意表

地区	样本数
将乐	256
梅列区	69
明溪	84
宁化	114
清流	83
三元区	71
沙县	95
泰宁	85
永安	96
尤溪	72

4.5.1.3　样本户主基本情况

从实际调研中户主的基本特征可知，户主性别中男性占了绝大多数，表明在我国农村男性始终拥有家庭重大决策的决策权，且 80% 的户主年龄分布在 40 岁以上，30 岁以下的样本量仅占 5.71%。就户主的受教育程度而言，主要集中在小学和初中，表明在集体林区林农的受教育程度普遍偏低。被调查的农户中，绝大多数的户主健康状况为良好，表明户主均能较好地投入林业生产经营活动。由于本研究属于大样本研究，涉及的农户数量较多，而在被调查样本中村干部的比例不高，因此能够较客观实际地反映出广大农户的林业生产经营的一般状况，使结果更具有说服力（表 4-7）。

4.5.1.4　家庭基本情况

在被调查的 998 户农户中，根据表 4-8 可知，家庭人口数量主要在 5 人左右，劳动力数量为 3 人，且 98.5% 的农户家庭有外出打工现象，且打工的地点大多集中在本村及本县城，做散工现象比较普遍，涉及的行业主要以体力劳动为主。

表 4-7　户主基本特征

变量	取值范围	样本数	比例（%）
性别	男	870	87.17
	女	128	12.83
年龄（岁）	30 以下	57	5.71
	30～40	132	13.23
	41～50	364	36.47
	51～60	252	25.25
	60 以上	193	19.34
教育程度	文盲	136	13.63
	小学	291	29.16
	初中	366	36.67
	高中	170	17.03
	大专及以上	35	3.51
健康状况	良好	798	79.96
	一般	143	14.33
	轻度疾病	53	5.31
	重大疾病	4	0.40
是否为村干部	是	194	19.44
	否	804	80.56

表 4-8　家庭人口及劳动力情况

	最小值	最大值	均值	众数	标准差
家庭人口数	1	15	5	4	1.88
家庭劳动力数量	0	10	3	2	1.47
外出打工人数	0	13	1	0	1.33

　　样本农户的家庭收入和资源情况（表 4-9），具体从农户家庭收入情况来看，有 50% 以上的样本农户家庭人均年收入低于 10 000 元，且林业收入在家庭总收入中所占比重较低，近 60% 的农户在 1% 以下，表明目前在三明市农户对林业资源依赖度较低。虽然三明市林业资源丰富但耕地资源较少，从实地调研农户家庭资源情况来看，家庭耕地资源较少，近 60% 的农户家庭耕地面积

不足 5 亩，而林业资源的农户家庭拥有量不均，相差较大，主要集中在 10 亩以下及 50 亩以上。在实际调研中我们了解到这主要是由于集体林权制度改革后，有部分地区农户开展了林地流转活动。

表 4-9　农户家庭收入及资源情况

变量	取值范围	样本数	比例（%）
人均年收入（元）	10 000 元以下	542	54.31
	10 000～20 000 元	182	18.24
	20 000～30 000 元	111	11.12
	30 000 元以上	163	16.33
林业收入占家庭收入比重	1% 以下	576	57.72
	1%～5%	107	10.72
	5%～10%	89	8.92
	10%～15%	48	4.81
	15% 以上	178	17.84
耕地面积（亩）	5 以下	574	57.52
	5～10	327	32.77
	10～15	55	5.51
	15 以上	42	4.21
林地面积（亩）	10 以下	435	43.59
	10～20	150	15.03
	20～50	175	17.54
	50 以上	238	23.85

4.5.2　不同林业经营形式样本农户的差异性

在调查样本中，针对不同经营形式的农户家庭人口而言，如图 4-10 所示，在单户经营中，16.21% 的农户家庭人口数为 0～3 人，68.97% 的农户家庭人口数为 4～6 人，12.65% 的农户家庭人口数为 7～9 人，2.17% 的农户家庭人口数超过 9 人；在联户经营中，13.33% 的农户家庭人口数为 0～3 人，72% 的农户家庭人口数为 4～6 人，12% 的农户家庭人口数为 7～9 人，2.67% 的农户家庭人口数超过 9 人；在股份合作经营中，17.91% 的农户家庭人口数为 0～3 人，65.67% 的农户家庭人口数为 4～6 人，13.43% 的农户家庭人口数为 7～9 人，2.99% 的农户家庭人口数超过 9 人。因此，三种经营形式的农户家庭人口差异不大，而70％左右的农户家庭人口数为4～6人。

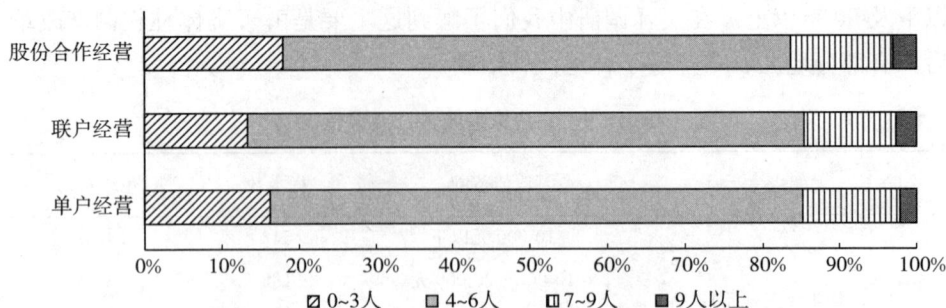

图4-10　不同经营形式的农户家庭人口数情况

　　针对不同经营形式的农户家庭劳动力而言，如图4-11所示，在单户经营中，48.62％的农户家庭劳动力为0～2人，39.33％的农户家庭劳动力为3～4人，11.07％的农户家庭劳动力为5～6人，0.99％的农户家庭劳动力超过6人；在联户经营中，53.25％的农户家庭劳动力为0～2人，37.66％的农户家庭劳动力为3～4人，7.79％的农户家庭劳动力为5～6人，1.3％的农户家庭人口数超过6人；在股份合作经营中，49.25％的农户家庭劳动力为0～2人，41.79％的农户家庭劳动力为3～4人，8.96％的农户家庭劳动力为5～6人，农户家庭劳动力没有超过6人的。因此，三种经营形式的农户劳动力差异不大，三种经营形式中均有50％左右的农户家庭劳动力为0～2人，40％左右的农户家庭劳动力为3～4人。

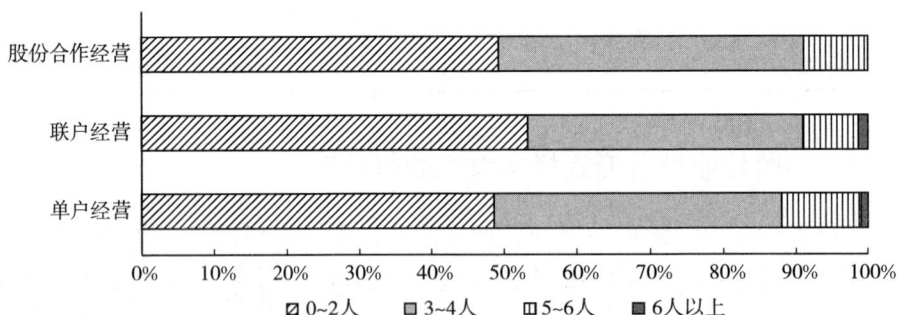

图4-11　不同经营形式的农户家庭劳动力情况

　　针对不同经营形式的农户外出打工人数而言，如图4-12所示，在单户经营中，84.14％的农户外出打工人数为0～2人，14.10％的农户外出打工人数为3～4人，1.76％的农户外出打工人数超过4人；在联户经营中，86.76％的农户外出打工人数为0～2人，11.03％的农户外出打工人数为3～4人，

2.21％的农户外出打工人数超过 4 人；在股份合作经营中，75％的农户外出打工人数为 0～2 人，20.83％的农户外出打工人数为 3～4 人，4.17％的农户外出打工人数超过 4 人。因此，相对单户经营和联户经营而言，股份合作经营中农户外出打工人数的比例较高。

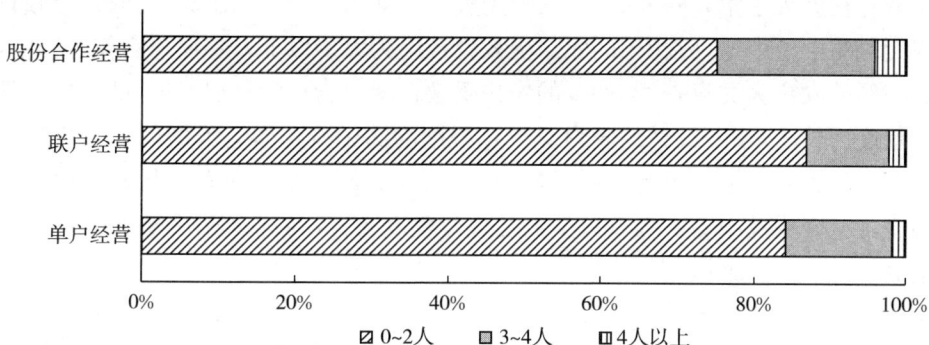

图 4 - 12　不同经营形式的农户外出打工人数情况

　　针对不同经营形式的农户年龄而言，如图 4 - 13 所示，在单户经营中，1.39％的农户年龄小于 30 岁，15.45％的农户年龄为 30～40 岁，41.98％的农户年龄为 41～50 岁，26.93％的农户年龄为 50～60 岁，14.26％的农户年龄超过 60 岁；在联户经营中，11.69％的农户年龄小于 30 岁，40.26％的农户年龄为 30～40 岁，31.17％的农户年龄为 40～50 岁，16.88％的农户年龄为 50～60 岁，没有农户年龄超过 60 岁；在股份合作经营中，4.48％的农户年龄小于 30 岁，17.91％的农户年龄为 30～40 岁，38.81％的农户年龄为 40～50 岁，26.87％的农户年龄为 50～60 岁，11.94％的农户年龄超过 60 岁。因此，单户经营和股份合作经营中有 40％左右的农户年龄在 40～50 岁之间，而联户经营中有超过 40％的农户年龄在 31～40 岁之间。

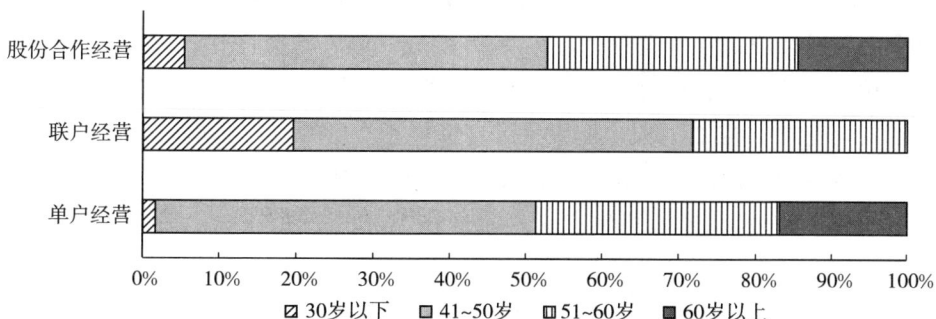

图 4 - 13　不同经营形式的户主年龄情况

针对不同经营形式的农户受教育程度而言，如图 4-14 所示，在单户经营中，10.28%的农户为文盲，26.28%的农户受教育程度为小学，44.27%的农户受教育程度为初中，17%的农户受教育程度为高中及中专，2.17%的农户受教育程度为大专以上；在联户经营中，9.09%的农户为文盲，28.57%的农户受教育程度为小学，41.56%的农户受教育程度为初中，19.48%的农户受教育程度为高中及中专，1.3%的农户受教育程度为大专以上；在股份合作经营中，4.48%的农户为文盲，22.39%的农户受教育程度为小学，41.79%的农户受教育程度为初中，25.37%的农户受教育程度为高中及中专，5.97%的农户受教育程度为大专以上。因此，三种经营形式均有 40%左右的农户受教育程度为初中，就高中及中专、大专以上的受教育程度而言，股份合作经营形式的比例最高。

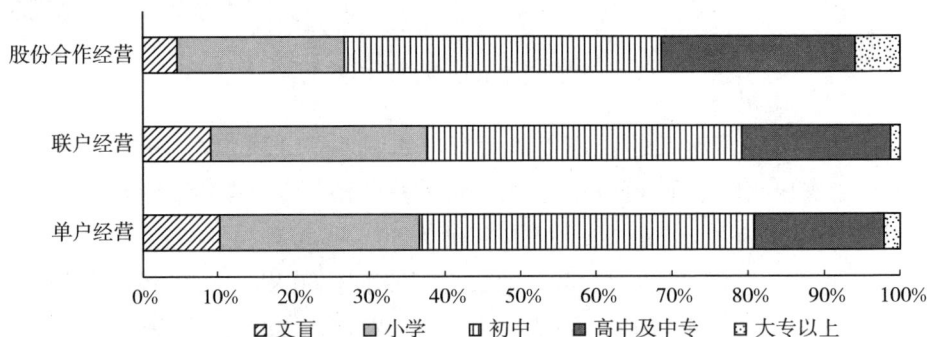

图 4-14 不同经营形式的农户受教育情况

针对不同经营形式的农户健康状况而言，如图 4-15 所示，在单户经营中，82.41%的农户健康状况良好，13.44%的农户健康状况一般，3.95%的农户有轻度疾病，0.2%的农户有重大疾病；在联户经营中，79.22%的农户健康状况良好，16.88%的农户健康状况一般，3.9%的农户有轻度疾病，无农户有重大疾病；在股份合作经营中，80.88%的农户健康状况良好，17.65%的农户健康状况一般，无农户有轻度疾病，1.47%的农户有重大疾病。因此，三种经营形式均有 80%左右的农户健康状况良好，有疾病的农户比重均不超过 4%。

针对不同经营形式的农户家庭人均收入情况而言，如图 4-16 所示，在单户经营中，37.87%的农户家庭人均收入在 10 000 元以下，31.36%的农户家庭人均收入在 10 000～20 000 元之间，16.96%的农户家庭人均收入在 20 000～30 000 元之间，6.9%的农户家庭人均收入在 30 000～40 000 元之间，6.9%的农户家庭人均收入超过 40 000 元；在联户经营中，36.36%的农户家庭人均

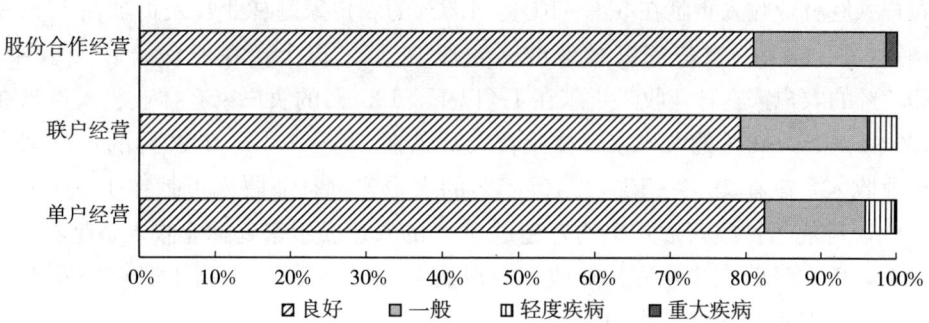

图4-15　不同经营形式的农户健康状况

收入在 10 000 元以下，40.26％的农户家庭人均收入在 10 000～20 000 元之间，9％的农户家庭人均收入在 20 000～30 000 元之间，6.49％的农户家庭人均收入在 30 000～40 000 元之间，7.79％的农户家庭人均收入超过 40 000 元；在股份合作经营中，34.78％的农户家庭人均收入在 10 000 元以下，42.03％的农户家庭人均收入在 10 000～20 000 元之间，8.7％的农户家庭人均收入在 20 000～30 000 元之间，4.35％的农户家庭人均收入在 30 000～40 000 元之间，10.14％的农户家庭人均收入超过 40 000 元。因此，股份合作经营农户家庭人均收入超过 40 000 元比重高于联户经营农户家庭高于单户经营农户家庭。

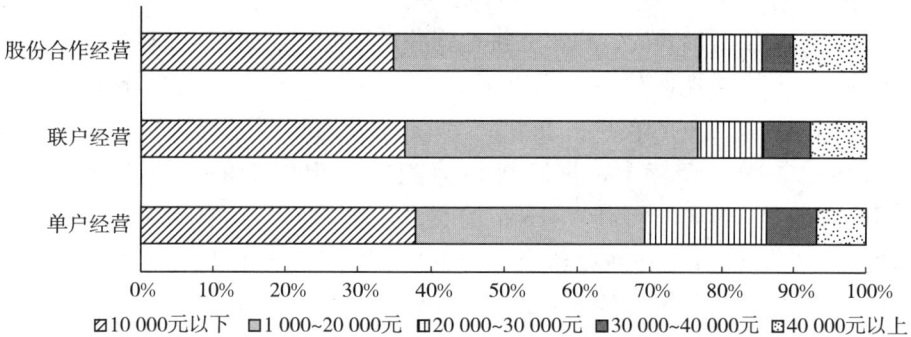

图4-16　不同经营形式的农户家庭人均收入情况

针对不同经营形式的农户家庭林业收入在家庭总收入中贡献情况而言，如图4-17所示，在单户经营中，51.58％的农户家庭林业收入贡献在1％以下，11.86％的农户家庭林业收入贡献在1％～5％，8.3％的农户家庭林业收入贡献在5％～10％，3.36％的农户家庭林业收入贡献在10％～15％，24.9％的农户家庭林业收入贡献在15％以上；在联户经营中，64.94％的农户家庭林业收入贡献在1％以下，10.39％的农户家庭林业收入贡献在1％～5％，7.79％的农户家庭林业收入贡献在5%～10%，1.3%的农户家庭林业收入贡献在10%～15%，15.58%的农户家庭林业收入贡献在15%以上；在股份合作经营中，59.7%的农户家庭林业收入贡献在1%以下，19.4%的农户家庭林业收入贡献在1%～5%，7.46%的农户家庭林业收入贡献在5%～10%，2.99%的农户家庭林业收入贡献在10%～15%，10.45%的农户家庭林业收入贡献在15%以上。因此，目前三种经营形式中均有超过50%的农户表示家庭林业收入贡献在1%以下，单户经营农户家庭林业收入贡献度超过15%的比重高于联户经营农户家庭高于股份合作经营农户家庭。

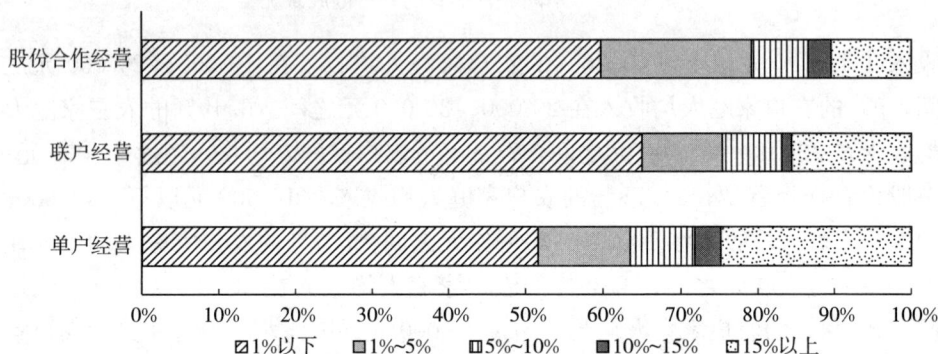

图4-17 不同经营形式的家庭林业收入贡献情况

针对不同经营形式的农户家庭耕地资源情况而言，如图4-18所示，在单户经营中，家庭耕地面积在5亩以下的农户占60.78%，5～10亩的农户占25.86%，10～15亩的农户占9.05%，仅有4.31%的农户家庭耕地面积大于15亩；在联户经营中，家庭耕地面积在5亩以下的农户占56.62%，5～10亩的农户36.03%，10～15亩的农户占2.21%，仅有5.15%的农户家庭耕地面积大于15亩；在股份合作经营中，家庭耕地面积在5亩以下的农户占53.85%，5～10亩的农户占26.92%，10～15亩的农户占19.23%，没有农户家庭耕地面积大于15亩。因此，目前三种经营形式中均有超过50%的农户家庭耕地资源在5亩以下，且在调研中发现农户耕地的目的主要是自食，销售情况较少。

针对不同经营形式的农户家庭林地资源情况而言，如图4-19所示，在单户经营中，26.88%的农户家庭林地面积在10亩以下，18.58%的农户家庭林地面积为10～20亩，27.27%的农户家庭林地面积为20～50亩，13.44%的农户家庭林地面积为50～100亩，13.83%的农户家庭林地面积在100亩以上；在联户经营中，32.47%的农户家庭林地面积在10亩以下，11.69%的农户家

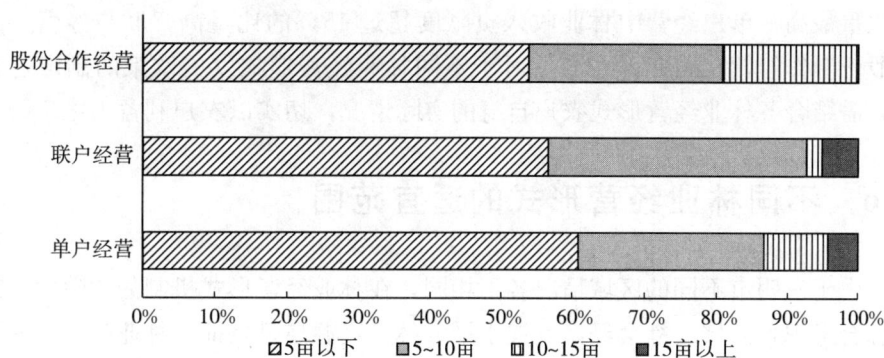

图 4-18　不同经营形式的农户耕地资源情况

庭林地面积为 10～20 亩，27.27％的农户家庭林地面积为 20～50 亩，10.39％的农户家庭林地面积为 50～100 亩，18.18％的农户家庭林地面积在 100 亩以上；在股份合作经营中，23.88％的农户家庭林地面积在 10 亩以下，26.87％的农户家庭林地面积为 10～20 亩，34.33％的农户家庭林地面积为 20～50 亩，5.97％的农户家庭林地面积为 50～100 亩，8.96％的农户家庭林地面积在 100 亩以上。

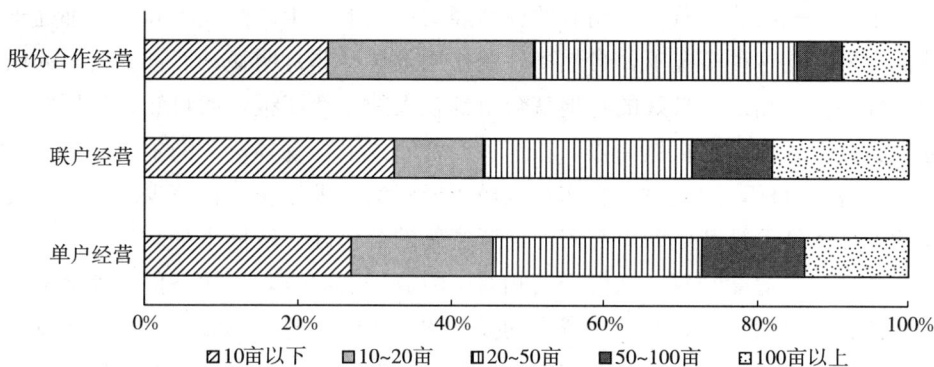

图 4-19　不同经营形式的农户家庭林地资源情况

　　综合来看，不同林业经营形式的农户在家庭人口数、家庭劳动力数量、家庭耕地及林业资源的分布情况方面相差不大，而在外出打工人数、户主年龄、受教育情况、健康情况、人均收入、家庭林业收入贡献的分布方面各具特点，其中，股份合作经营中农户外出打工人数的比例较高，单户经营和股份合作经营中有 40％左右的农户年龄在 40～50 岁，而联户经营中有超过 40％的农户年龄在 31～40 岁；股份合作经营农户高中及中专、大专以上受教育程度比例最高；针对家庭人均收入情况而言，在股份合作经营农户家庭人均收入超过 40 000

元比重最高；单户经营中林业收入贡献度超过 15％的比重高于联户经营、高于股份合作经营。因此，在今后对于不同林业经营形式发展政策的制定过程中，需结合各林业经营形式农户自身的实际情况，切实以农户利益为主。

4.6 不同林业经营形式的适宜范围

由于三明市不同的区域情况各不相同，在林业经营形式机制的构建中，需要综合考虑各区域的社会经济发展水平、林业资源禀赋特征及林业政策发展情况，一种经营形式是否适宜，不仅需要根据其经济效率和综合绩效来判断，关键还要看林业经营形式及其与外部环境的相容适宜性，是否尊重了林农的经营意愿，应该因地制宜地发展林业经营形式。因此，有必要针对不同林业经营形式的适宜范围进行分析，对三明市未来林业经营形式的创新乃至全国不同的林业经营形式的发展提供相关建议。

林业经营主体各有优势，不同的林业经营形式之间并非取代关系，而是应当因地制宜、协调发展。具体单户经营、联户经营及股份合作经营有其各自的适宜范围（图 4 - 20），具体如下：

单户——粗放经营：在粗放的林地经营形式下，生产的成本和收益都处于较低水平。在这种情况下，自然条件的作用效果会非常明显，而社会资本的作用比较小。自然条件较好的林地就会得到较大的自然回报，而自然条件不好的林地就会得到较小的自然回报。在这种经营形式下，森林资源的生产经营会形成低收益的目标，因此对于合作和规模化经营的需求较小，在较少的林地和较少的保障条件下，产生的森林资源经营主体的合作处于较低水平。

联户——适度经营：适度经营相对于粗放经营而言，自然条件和社会资本对其都有一定的影响，而社会资本的投入比粗放经营时影响大。在这种经营形式下，生产经营的成本和收益与粗放经营相比较高。适度经营会对林地生产投入一定的经营成本，若林地自然条件较好，则会产生较大的投资回报；但若林地自然条件较差，那么就会产生较小的投资回报。适度经营会形成较高的收益目标，因此在这种经营形式下，会形成对规模化经营的需求，在较高的需求、较多的林地和较多的保障条件的基础上，适度经营就会使森林资源经营主体产生较高水平的合作。

股份合作——集约经营：集约经营指在较多的生产资料（资金、劳动力）投入一定面积的林地中，同时采用新的技术措施进行林业经营活动的经营方式。集约经营是用提高单位面积产量的方法来增加产品总量。在一定规模的林地上进行集约经营，是一种高成本高收益的经营方式，这种经营方式过程中社会资本投入的影响会非常大。如果对自然条件好的林地进行集约经营，就会产生非常好的投入回报，这种回报无论是相对于粗放经营还是适度经营都会更高。在集约经营的形式下，即使林地的自然条件不好，但由于投入的增加，也会得到相对较高的投入回报。因此，在该经营方式下，会产生很高的收益目标，对于规模化产生十分强烈的需求。在高需求、林地多、保障条件好的基础上，集约经营对于规模化的需求会非常大，因此会产生很高水平的合作。

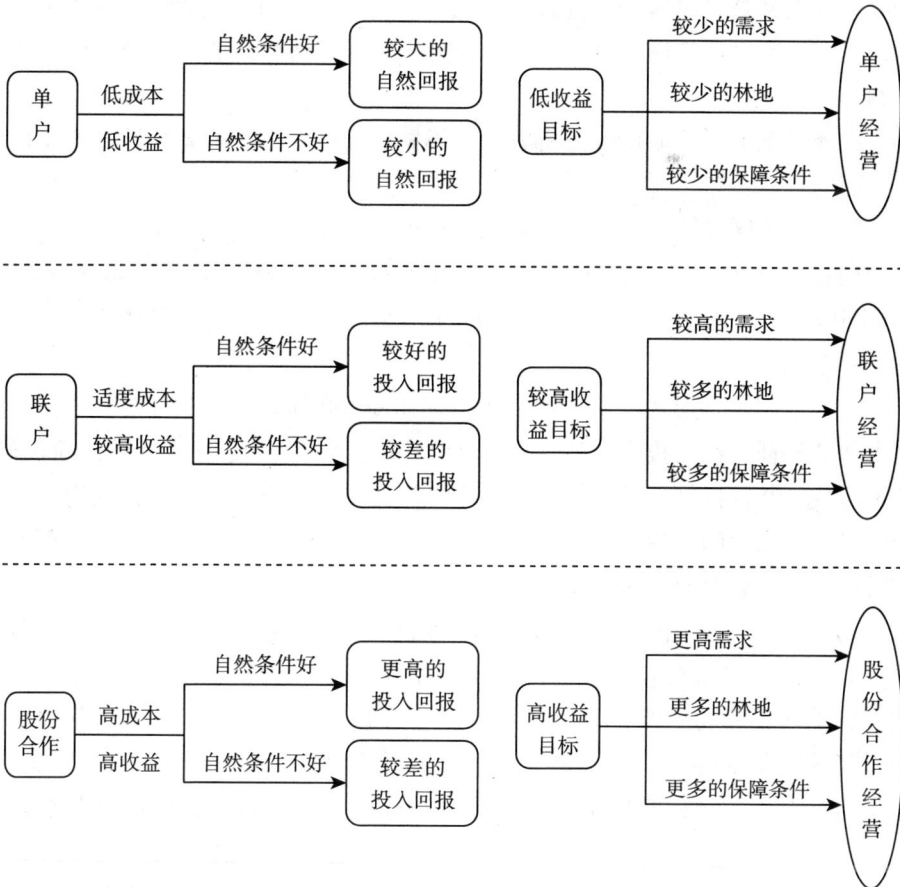

图 4-20　不同林业经营形式的适宜范围

　　目前和今后一段时间，三明市的林业经营创新体系的构建，都需要在始终坚持单户经营为主体、主导的基础上，在方向上渐进式地引导新型林业经营形式的发展，加大扶持力度、完善相关配套服务，在政策上制定推动多种林业经营形式共同稳定发展的规范性文件。

4.7 本章小结

本章首先用一般角度分析了林业经营体系的构成，林业经营主体、林业经营客体、林业经营保障体系各自的特征。一方面，不同林业经营形式都是我国农村经济发展的产物，不同时期具有不同的发展特点，即不同的林业经营形式与同时期的林业产权制度及林业生产力相适应。另一方面，不同的经营形式的形成和发展又是农户内在利益需求的表现，因此，不同的经营形式形成了一个转换机制，受内在市场竞争和劳动力及外部合作经济组织的发展及政府等因素影响。

在此基础上，采取比较分析方法对不同林业经营形式的差异性进行了以下几方面的分析：

（1）就不同林业经营形式形成的历史而言，单户经营在中华人民共和国成立初期就出现了，股份合作经营"分股不分山、分利不分林"最早出现在20世纪80年代林业"三定"时期，而联户经营最早出现在南方林业经营体制改革时期。

（2）不同经营形式的差异性主要体现在经营权属、经营管理过程（包括经营主体的特征、经营投入成本、经营收益分配）、资产使用（包括林地流转、林木采伐、林权抵押）及应对自然、市场风险的能力等方面：具体而言，单户经营形式中农户的自主权最大，林地的使用权、林木的所有权和处置权都归个体所有。在经营管理过程中，单户经营的生产要素投入（劳动力、资金、技术）均较低，在整地造林、日常管理、防护活动过程中，效率较低，经营水平较差，而联户经营和股份合作经营则相反，生产要素投入更高，经营效率较高；单户经营的经营收益归个人所有不存在协调成本，而联户经营和股份合作经营收益由参与农户共享，且协调成本较大。在资产使用、林地流转、采伐指标申请、林权抵押贷款等具体活动中，单户经营的农户在林业经营过程中的经营自主决策权最大；而参与联户经营的农户在林权资产使用过程中具有一定的自主决策权；参与股份合作经营农户的自主决策权最低。在应对自然、市场风险的能力方面，通常情况联户经营和股份合作经营农户强于单户经营农户。

（3）能否尊重和利用好农户的需求问题是林业经营形式发展的关键，因此基于农户问题，发现单户经营、联户经营、股份合作经营的样本农户，在农户家庭人口、农户家庭劳动力、家庭耕地及林业资源方面相差不大。针对外出打工人数而言，股份合作经营农户家庭中外出打工人数的比例较高。针对户主年龄而言，单户经营和股份合作经营中有40％左右的农户年龄在40～50岁，而联户经营中有超过40％的农户年龄在31～40岁；针对受教育程度而言，三种经营形式均有40％左右的农户受教育程度为初中，就高中及中专、大专以上的受教育程度而言，股份合作经营农户的比例最高；针对家庭人均收入情况而言，股份合作经营农户家庭人均收入超过40 000元比重最高；针对家庭林业收入贡献而言，三种经营形式中均有超过50％的农户表示家庭林业收入贡献在1％以下，单户经营中林业收入贡献度超过15％的比重高于联户经营高于股份合作经营。在此基础上，本章还结合实际情况，对单户——粗放经营、联户——适度经营及股份合作——集约经营的适宜范围进行了分析，以期为今后林业经营形式创新机制的构建提供可资借鉴的参考意见。

第 5 章　影响林农对不同林业经营
形式选择的因素分析

在集体林权制度改革之后，三明市集体林改革赋予了林农对林地的经营权、林木的所有权及处置权。依据相关法律法规，三明市的林业经营管理遵循分类经营思想，林农对确权的集体林地享有生产经营自主权，可以自主选择用材林的经营形式，具体包括单户经营或者合作经营、委托经营及租赁经营等；对于林业经营方向自行决定，具体包括种植用材林、经济林的选择、具体种植时间及经营培育的具体目标，以及对于生产经营所收获的木材，在什么时候采伐，采取怎样的销售途径，销售给谁均由农户自主决定，这也是新一轮的林改与以往林改最大的不同之处，林农第一次成为林地的主人。

基于前几章对于不同林业经营形式发展背景的系统梳理，以及对于不同林业经营形式差异性的分析，可以看出不同经营形式虽然在权属、经营管理、资产使用、应对等多方面存在差异，但林业经营的根本目标都是追求经济效益或效用最大化。农户作为森林经营主体，其行为直接影响着林业经营水平、效益的发挥及森林的可持续经营。林业经营过程是由多种要素综合作用的结果，过程极其复杂，对于同一个地域的林农而言，究竟是哪些因素影响了林农对林业经营的投入行为，哪些因素影响了林农对不同经营形式的选择，一直是林业经营的主要问题之一。因此，本章在总结以往相关林业经营形式研究的基础上结合当地相关林业管理者、60 个村、23 个乡和农户座谈中反映出来的实际问题，运用主成分分析与多元 Logistic 回归模型综合分析农户选择单户经营、联户经营及股份合作经营的意愿，充分了解农户选择不同林业经营形式的影响因素有哪些，以期为今后林业发展中经营形式创新机制的构建及发展提供可资参考的建议。

5.1　农户林业投入意愿

林业经营是个极其复杂的过程，林业经营主体不仅受到林业本身的特殊性影响，同时自身行为的不确定性也导致了林农从事林业经营的影响因素众多而且十分复杂。依据有关林业经营理论和相关学者的研究成果（詹黎锋等，2011；黄和亮等，2008；徐秀英等，2010；苏芳等，2011），并结合实际情况，本节应用二项 Logistic 回归模型进行分析。

5.1.1　二项 Logistic 回归模型

根据影响农户林业投入经营意愿因素分析，将"是否愿意参与林业经营"作为回归模型的因变量 Y，Y 的取值有（1＝是，0＝否）两种情况，而二项 Logistic 回归模型是最为适用的分析方法，模型基本形式为：

$$\text{Logistic}(p) = \ln\left(\frac{p}{1-p}\right) = \beta_0 + \sum_{i=1}^{n}\beta_i X_i + \mu \qquad (5-1)$$

其中，p 代表农户愿意进行林业经营的意愿，则 $1-p$ 代表农户不愿意进行林业经营的意愿，β_0 为常数项；β_i 为待估系数；X_i 代表影响农户从事林业经营的影响因素，包括：家庭主体特征变量、生产经营变量、外部环境变量等；μ 为随机扰动项。具体变量的选取如表 5-1 所示。

表 5-1　变量描述

变量	变量	变量性质	预期作用方向
因变量	林农经营投入的意愿	1＝是；0＝否	
	户主年龄	连续变量	＋/－
	受教育年限	连续变量	＋/－
	健康状况	1＝良好　2＝一般　3＝轻度基本 4＝重度疾病	＋
	是否为村干部	1＝是　0＝否	＋
	家庭人均收入	连续变量	＋
	打工收入是否为主要收入	1＝是　0＝否	＋/－
自变量	林业收入预感是否会增加	1＝是　0＝否	＋
	人均林地面积	连续变量	＋
	林地地块数	连续变量	＋/－
	对林改政策的满意度	1＝非常不满意　5＝非常满意	＋
	是否拥有林权证	1＝是　0＝否	＋
	是否发生过林权纠纷	1＝是　0＝否	＋
	是否能申请到采伐指标	1＝是　0＝否	＋
	林农的经营类型	1＝单户经营　2＝联户经营　3＝股份合作经营	＋/－

5.1.2 结果分析

采用 SPSS 19.0 数据分析软件，运用二项式 Logistic 回归分析 BackWard（Conditional）方式，得出如下结果。从模型总体检验结果看，最后一次回归中，-2 Log likelihood（极大似然估计值）为 129.539，Cox & Snell R^2 的值为 0.604，Nagelkerke R^2 的值为 0.649。总体上，拟合效果较好，回归具有可信性。具体回归结果，如表 5-2 所示。

表 5-2　模型的回归结果

	B	S.E.	Wald	df	Sig.	Exp (B)
户主年龄	0.387	0.433	0.8	1	0.371	0.679
受教育年限	-0.215	0.665	0.104	1	0.747	1.239
健康状况	-0.141	0.599	0.056	1	0.814	1.152
是否为村干部	1.092	0.872	4.712	1	0.005	0.762
家庭人均收入	-0.897	0.383	2.316	1	0.519	2.453
打工收入是否为主要收入	-1.601	0.712	0.017	1	0.000	1.202
林业收入预感是否会增加	1.184	1.392	1.063	1	0.012	5.937
人均林地面积	1.781	0.558	10.196	1	0.001	5.947
林地地块数	0.053	0.232	5.049	1	0.896	1.055
对林改政策的满意度	1.275	0.587	4.078	1	0.825	3.578
是否拥有林权证	0.784	0.431	0.211	1	0.230	0.504
是否发生过林权纠纷	0.461	0.421	5.372	1	0.630	0.992
是否能申请到采伐指标	0.527	0.318	4.62	1	0.532	4.957
林农的经营类型	-1.182	0.802	3.023	1	0.921	3.761
Constant	-10.709	4.418	5.875	1	0.015	0.000

从结果可知，打工收入是否为主要收入这一自变量的系数最大，即在农户投入林业经营意愿的影响因素中，打工收入是否为主要收入对林农的经营意愿影响最大且成反比关系；另外，林农的林业投入意愿与林农健康状况、受教育程度、是否为村干部、预感林业收入是否会增加成正比关系。

打工收入是否为主要收入对林业经营意愿有负向影响，这个结果与预期影响方向一致。这说明若在一个家庭中打工收入为该家庭主要的收入来源，则此部分农户不愿意进行林业投入；相反，若打工收入非为家庭主要收入，此部分农户的林业经营意愿较高。以打工收入作为家庭主要收入来源的农户家中，留在家中的以老人居多，由于身体状况等原因，经营林地存在一定困难。并且，该农户家中的主要收入并非来源于林地，从而影响农户林地经营意愿。

林业收入预期会增加对林地经营投入意愿有正向影响，这说明，若农户预期林业收入增加，其林地经营意愿愈加强烈。这可以理解为，农户选择投入林业经营，是否能取得相应的收益是他们的根本目的所在，只要能增加农户的收入，农户就愿意去从事林业经营。

农户自身影响因素、林农健康状况、受教育程度及是否为村干部对林地经营意愿有正向影响，可以这样理解，在林农身体越健康、受教育程度越高、为村干部的情况下更愿意投入林业经营活动；相反，农户投入林业经营意愿降低。

5.2 影响林农不同林业经营形式选择的因素

虽然在农户林业投入意愿分析中，林业经营形式对于林农林业经营的影响并不显著而林农对林业收入预期增加对林业投入有显著影响，但是依据有关行为决策理论及有限行为理论，农户作为理性的经济人，偏好选择能使家庭经济收益增加的经营形式。因此，依据已有文献和实地调研情况，假设以下因素可能会对农户经营形式选择造成不同程度的影响，主要包括：农户自身特征因素、家庭特征因素、林业经营生产经营因素以及政策制度因素等。

农户自身特征因素：一般而言，在一定年龄范围内，户主年龄越大，对林业的依赖程度越高，从事非农工作可能性相对较差，更倾向于单户经营，而对参与股份合作经营的意愿呈现负相关关系（史冰清，2012）。受教育程度、担任过村干部即社会地位越高的农户，对股份合作经营未来发展趋势的认可度越高，越倾向于选择股份合作经营（黄和亮等，2008）。除此以外，沈月琴等指出农户的户主性别和地域因素对农户非木质林产品的经营模式选择有显著影响（沈月琴，2010）。因此，本研究选取农户性别、年龄、健康程度、是否担任过村干部等因素来表征农户自身特征。

农户家庭特征：农户收入与林业经营的选择存在一定耦合关系。孔祥智等认为虽然林业生长周期长，农户的短期机会成本高，但若林业收入在家庭总收入中的比例越高，农户对林地依赖程度则越高，仍会倾向于单户经营（孔祥智，2008）。同时，家庭劳动力数量在一定程度上代表了林业经营的潜力，家庭劳动力数量越多，农户越倾向于选择单户经营（黄丽萍，2012）。因此，本章选取农户家庭人口数、劳动力数量、家庭人均收入、林业收入占家庭总收入比重等因素来表征农户家庭特征。

资源禀赋特征：通常而言，经营主体拥有的林地面积较大，涉及的林地地块数量较多，更有利于林地经营活动的开展，农户选择自己经营的可能性较大；而家庭林地越少的农户，越倾向于选择联户经营或者股份合作经营；林木质量越高的农户经营的积极性越高，因此越倾向于单户经营；林地分散程度越大的农户，会选择联户经营来降低经营成本和风险，进行互助合作（沈屏，2013）。因此，本章用林地面积、林地细碎化程度（林地块数）、林木质量与分散程度（离家的远近）来表征林地资源禀赋特征。

林业经营生产水平：林业生产经营的投入水平直接决定了林业经营的收益。一般而言，农户认为自身投入资金、信息、劳动力充足且具备经营技术的情况下，会倾向于单户经营直接获取林业经营的全部收益，因此经营主体生产要素（资金、劳动力、信息）等投入充足程度，对农户采取单户经营有正向影响。因此，本章用农户的生产要素情况来表征林业经营生产水平情况。

政策制度因素：制度可以影响人类的行为活动，林农对于林业经营形式的选择也必然受到政策制度的影响。目前，福建的集体林经营主要包括杉木、马尾松及毛竹三大类，而其中杉木、马尾松主要是通过木材采伐获取经济效益，不仅生产周期长，同时受到政策限制也较多，如采伐限额政策和税费政策等。因此农户在选择经营形式时会考虑采伐指标获取的难易程度（沈屏，2013）。林权制度改革分林到户，明晰农户的林地所有权的政策对农户林业经营活动有一定程度的影响（郝春旭等，2013），同时，农户对林业政策的了解程度对农户经营形式的选择产生的影响也是本书关注的一个重点。

基于上述分析，本书提出以下研究假说：

H1：农户的家庭劳动力数量越多，选择单户经营的意愿就越强烈。

H2：农户的林业生产经营水平越好，选择单户经营的意愿就越强烈。

H3：农户的林业经营积极性越高，选择单户经营的意愿就越强烈。

针对农户对不同经营形式的选择意愿问题，共获取 824 个农户的调查问卷，剔除无林户、不愿参与林业经营的农户以及对林业经营不了解的样本农户 142 户，获得对林业经营有意愿的农户有效样本为 682 个。其中表 5-3 为样本县农户对不同经营形式的参与意愿及有效样本分布情况。在调研样本中，除了将乐和尤溪两个县以外，其余研究区域选择参与单户经营的意愿都超过了 80%，这主要因为将乐和尤溪县目前的林业经营形式主要以联户经营、股份合作经营为主，政府带动广大林农联合联营，积极引导广大林农建立以松散型为主的林业股份合作经营社，为林农提供种苗、经营销售等环节的服务，农户对于联户经营和股份合作经营的认知较其他区域的农户更高。因此，可见政府引导对于农户的经营形式选择的影响也至关重要。

表 5-3　样本对于不同经营形式的经营意愿与分布情况

单位：户，%

	单户		联户		股份合作		总计
将乐	78	65.55	36	30.25	5	4.20	119
梅列	53	86.89	7	11.48	1	1.64	61
明溪	40	86.96	3	6.52	3	6.52	46
宁化	101	90.18	5	4.46	6	5.36	112
清流	69	86.25	7	8.75	4	5.00	80
三元	51	89.47	4	7.02	2	3.51	57
沙县	57	85.07	3	4.48	7	10.45	67
泰宁	64	91.43	5	7.14	1	1.43	70
尤溪	33	47.14	12	17.14	25	35.71	70
总计	546	80.06	82	12.02	54	7.92	682

在研究假说的基础上，本章研究计量分析所选择的自变量描述性统计结果，如表 5-4 所示。

表 5-4　自变量选取列表

变量	变量		变量性质
农户自身特征	性别	X_1	1＝男　0＝女
	年龄	X_2	连续变量
	受教育程度	X_3	1＝文盲　2＝小学　3＝初中　4＝高中及中专　5＝大专以上
	健康程度	X_4	1＝良好　2＝一般　3＝轻度疾病　4＝重大疾病
	是否村干部	X_5	1＝是　0＝否
家庭特征	家庭人口	X_6	连续变量
	劳动力人口	X_7	连续变量
	人均家庭收入（元）	X_8	连续变量
	林业收入占家庭收入比重（%）	X_9	连续变量

（续）

变量	变量		变量性质
	林地面积（亩）	X_{10}	连续变量
	林地块数	X_{11}	连续变量
林业资源禀赋特征	林地质量	X_{12}	1＝不好　2＝一般　3＝好
	林地距离家的距离（公里）	X_{13}	1＝0.5以下　2＝0.5～1　3＝1～5　4＝5～10　5＝10以上
	是否有充足的资金	X_{14}	1＝是　0＝否
林业经营生产情况	是否有时间和劳动力	X_{15}	1＝是　0＝否
	是否有技术知识	X_{16}	1＝是　0＝否
	是否有信息	X_{17}	1＝是　0＝否
政策制度因素	申请采伐指标是否容易	X_{18}	1＝是　0＝否
	林业经营的积极性	X_{19}	1＝较低　2＝一般　3＝较高

5.3　计量方法

5.3.1　主成分分析法

Karl Pearson 在 1901 年提出了主成分分析（Principal Component Analysis，PCA），而 Hotelling 在 1933 年将主成分分析推广到随机变量中，以降维为指导思想，提取变量信息，用较少的新指标代替原来较多的旧变量，是把具有一定相关性的初始变量重新组合成一组不相关的指标。假设有 N 个样本，测得 P 项指标（$P<N$），原始数据阵如下。

$$X=\begin{bmatrix} x_{11} & x_{12} & \cdots & x_{1p} \\ x_{21} & x_{22} & \cdots & x_{2p} \\ \vdots & \vdots & & \vdots \\ x_{n1} & x_{n2} & \cdots & x_{np} \end{bmatrix} \qquad (5-2)$$

设它们降维处理后的综合指标新变量为 z_1，z_2，z_3，$\cdots$，$z_m(m\leqslant p)$，则

$$\begin{cases} z_1＝l_{11}x_1＋l_{12}x_2＋\cdots＋l_{1p}x_p \\ z_2＝l_{21}x_1＋l_{22}x_2＋\cdots＋l_{2p}x_p \\ \qquad\cdots\cdots \\ z_m＝l_{m1}x_1＋l_{m2}x_2＋\cdots＋l_{mp}x_p \end{cases} \qquad (5-3)$$

其中，经过转化生成所产生的综合指标即是主成分，且每个主成分均由原

始变量线性组合而成，且各个主成分 z_i 与 $z_j (i \neq j; i, j=1, 2, \cdots, m)$ 互不相关；z_1 变量在 $x_1, x_2, \cdots, x_p$ 的所有线性组合中方差最大，z_2 是与 z_1 不相关的 $x_1, x_2, \cdots, x_P$ 的所有线性组合中方差最大者；z_m 是与 $z_1, z_2, \cdots\cdots,$ z_{m-1} 都不相关的 $x_1, x_2, \cdots, x_p$ 的所有线性组合中方差最大者。所产生的新变量指标 $z_1, z_2, \cdots, z_m$ 分别代表为原变量指标 $x_1, x_2, \cdots, x_P$ 的第 1，第 2，$\cdots$，第 m 主成分。主成分分析的实质就是确定原来变量 $x_j (j=1, 2, \cdots, p)$ 在诸主成分 $z_i (i=1, 2, \cdots, m)$ 上的荷载 $l_{ij} (i=1, 2, \cdots, m; j=1, 2, \cdots, p)$。本研究利用主成分分析法构建自变量即林业经营生产水平的综合指数。

5.3.2　多元 Logistic 回归模型

多元 Logistic 回归即主体存在多个选择，但不同选择之间不存在排序关系。它实质上是基于二元 Logistic 回归模型的拓展，在研究假设条件上，无须假设变量之间存在多元正态分布，在研究结果上，提供事件发生的概率 P，拟合得出回归模型中各参数估计值。通过分析可以知道各变量和事件发生概率 P 值之间的相关关系，进而得到影响农户选择不同经营形式意愿的主要因素。本书采用多元 Logistic 模型进行计量为主的研究方法，估计各自变量对因变量的影响程度。本章建立以下 3 个 Logistic 模型：

$$\begin{cases} \mathrm{Logit}(F_1) = \ln\left(\dfrac{F_1}{F_2}\right) = B_1 + \sum_{n=1}^{n} \alpha_n x_n + \varepsilon_1 \\[2mm] \mathrm{Logit}(F_2) = \ln\left(\dfrac{F_1}{F_3}\right) = B_2 + \sum_{n=1}^{n} \beta_n x_n + \varepsilon_2 \qquad (5-4) \\[2mm] \mathrm{Logit}(F_3) = \ln\left(\dfrac{F_2}{F_3}\right) = B_3 + \sum_{n=1}^{n} \theta_n x_n + \varepsilon_3 \end{cases}$$

其中，F_i 为林农对第 i 种经营形式的概率，X 为农户选择不同经营形式意愿的影响因素；α, β, θ 为待估系数；n 为影响因素个数，ε_i 为随机扰动项。根据影响农户对不同林业经营形式选择的因素设定，本书假设农户是理性的，即农户根据自身特征、家庭特征结合外部环境限制条件，选择自己预期收益最高的林业经营形式。因此，农户对不同林业经营形式的选择意愿可以用函数形式表达为：农户对不同林业经营形式的选择意愿＝F（农户自身特征变量、农户家庭特征变量、林业资源禀赋特征变量、林业经营要素变量、外部环境特征变量）＋随机扰动项。F_1 为农户选择单户经营的意愿概率，F_2 为农户选择联户经营的意愿概率，F_3 为农户选择股份合作经营的意愿概率，且 $F_1 + F_2 + F_3 = 1$。

5.4 计量结果与分析

5.4.1 自变量描述

通过表 5-5 可以看出在调研样本中，股份合作经营的家庭收入均值最高，单户经营次之，联户经营最低；而林业收入占家庭总收入比重中单户经营最高，联户经营次之，股份合作经营最低。

表 5-5 变量相关变量的统计性描述

指标	单户经营		联户经营		股份合作经营	
	均值	标准误	均值	标准差	均值	标准差
性别	0.9	0.013	0.95	0.223	0.96	0.208
年龄	49.43	0.432	51.77	9.648	48.3	10.945
受教育程度	2.75	0.041	2.75	0.92	3.06	0.952
健康程度	1.22	0.023	1.25	0.517	1.22	0.517
是否担任过村干部	0.26	0.019	0.32	0.471	0.36	0.483
家庭人口数	5.01	0.078	5.09	1.664	5.04	1.753
劳动力数量	1.8	0.046	1.81	0.904	2.51	2.003
家庭总收入（元）	18 578.79	22 848.79	18 023.04	18 758.62	22 804.21	39 139.08
林业收入占家庭总收入比重（%）	0.14	0.01	0.08	0.2	0.06	0.15
林地面积（亩）	61.9	5.774	68.574	118.592 8	50.55	136.642
林地块数	2.92	0.061	2.79	1.389	2.75	1.185
林木质量	2.53	0.029	2.52	0.62	2.57	0.557
林地距家的距离	2.48	0.044	2.66	1.021	2.7	1
资金投入是否充足	0.77	0.019	0.75	0.434	0.58	0.497
时间劳动力是否充足	0.78	0.019	0.69	0.466	0.6	0.494
经营技术是否具备	0.7	0.02	0.66	0.476	0.57	0.499
信息是否充足	0.61	0.022	0.52	0.503	0.52	0.503
采伐指标申请是否困难	0.83	0.017	0.81	0.399	0.66	0.478
林业经营积极性	2.75	0.022	2.87	0.338	2.6	0.629

注：调研指 2013 年和 2014 年调研，家庭收入涉及 2012 年、2013 年的收入，在这里按国家商业贴现率 8% 计算。

5.4.2 主成分分析结果

考虑到影响农户选择不同经营形式的因素有很多，自变量涉及 19 个，因此本书先用 SPSS 17.0 软件对反映林业生产经营水平特征的 6 个变量进行主成分分析，分别为：在林业生产经营过程中资金投入是否充足、时间劳动力投入是否充足、技术水平是否具备、市场信息是否充足、采伐指标申请是否困难、林业经营积极性程度。由表 5 - 6 的 KMO—Barlett 检验可知，KMO 检验的统计量为 0.621，比 0.7 小，即表示各变量之间信息的重叠程度不是很好，但仍可以进行主成分分析，Barlett 球形检验可以看出，$Sig.$ 小于 0.01，说明变量之间具有较强的相关性，进而也说明了可对自变量进行主成分分析降维。

表 5 - 6　KMO—Bartlett 检验

取样足够度的 Kaiser - Meyer - Olkin 度量		0.621
Bartlett 的球形度检验	近似卡方	106.936
	df	15
	$Sig.$	0

由各成分的方差贡献率和累计贡献率可以看出，前三个因子的贡献度达到 72.21%，给出的是旋转后的因子载荷矩阵，通过表 5 - 7 可以发现，资金投入是否充足、时间劳动力是否充足、技术知识是否具备及 3 个变量可以归入因子 1，而林业经营的积极性程度和信息是否灵通归入因子 2，申请采伐指标是否困难归入因子 3，并根据各新变量的特点，可以把第一个公因子解释为林业经营生产情况，把第二个公因子解释为林业政策情况。这样就可以利用新提取出的 3 个因子作为新的变量，与农户的自身特征变量、家庭特征、林业资源禀赋特征和政策特征一起进行回归分析。

表 5 - 7　旋转成份矩阵[a]

	成分		
	1	2	3
是否有充足的资金	0.395	0.355	−0.55
是否有充足的时间和劳动力	−0.726	0.099	−0.07
是否有充足的技术知识	0.722	0.088	−0.023
是否有充足的信息	0.355	0.445	0.292
申请采伐指标是否困难	0.15	0.132	0.807
林业经营的积极性	0.129	−0.882	0.043

提取方法：主成分分析法。
旋转法：具有 Kaiser 标准化的正交旋转法。
a. 旋转在 6 次迭代后收敛。

5.4.3　多元 Logistic 回归分析结果

运用 Spss 17.0 中的多元 Logistic 回归分析对提取的农户自身特征变量、家庭特征变量、林业资源禀赋变量和新提取的 3 个公因子进行回归：从模型估计的结果（表 5-8）来看，卡方统计量 X^2（chi-square）＝72.871，卡方检验的 P 值 $sig.$ ＝0.000 远小于 0.05，说明所选择的自变量中至少有一个能够有效地解释结果，从模型拟合结果来看，模型的拟合程度比较好。

表 5-8　模型拟合信息

模型	模型拟合标准	似然比检验		
	−2 倍对数似然值	卡方	df	显著水平
仅截距	865.709			
最终	792.838	72.871	30	0.000

具体影响农户选择不同经营形式意愿的计量模型估计结果如表 5-9 所示，以股份经营形式为基准，在单户经营中，受教育程度、劳动力数量、林业收入占家庭总收入比重、林地块数、生产要素投入情况（是否有充足的资金、技术、劳动力、信息）及采伐指标申请难易程度对农户选择不同经营形式产生了不同程度的显著影响；在联户经营中，林地块数以及农户经营的积极性通过了显著性检验。以联户经营为基准，在单户经营中，性别、林业收入占家庭总收入比重、生产要素投入情况通过了显著性检验。

将影响农户选择不同林业经营形式的因素归纳为以下几个方面：在农户自身特征中，户主年龄、健康程度以及是否担任过村干部等因素对农户的选择意愿没有显著影响。农户受教育程度对单户经营的影响通过 5% 显著性检验且系数为负，农户受教育程度越高，农户越倾向于选择股份合作经营。

农户家庭特征。农户家庭人数对其选择意愿没有显著影响。家庭劳动力数量、林业收入在家庭总收入中的比重对单户经营的影响分析通过 10%、5% 显著性检验且系数为正，即农户家庭劳动力越多，林业收入在家庭总收入的比重越大，农户越倾向于选择单户经营。进一步讲，在其他因素不变的情况下，林业收入占家庭总收入的比重每增加一个单位时，相比参与股份合作经营更倾向于选择单户经营的农户参与意愿概率，是相比参与联户经营的农户选择单户经营农户参与意愿概率的 3.685 倍[1]。即该变量说明，与愿意选联户经营相比，

---

[1]　由对应的 Exp($B1$)-Exp($B2$) 所得。

表5-9　影响农户选择不同经营形式意愿的计量模型估计结果

	单户/股份合作				联户/股份合作				单户/联户			
	$B1$	标准误	Wald	Exp($B1$)	$B2$	标准误	Wald	Exp($B2$)	$B3$	标准误	Wald	Exp($B2$)
截距	2.825	1.328	4.525		1.457	1.631	0.798		1.368	1.135	1.453	
男	1.31	0.765	2.933	3.707	0.252	0.958	0.069	1.287	1.058*	0.617	2.935	2.88
女	0^b	.	.	.	0^b	.	.	.	0^b	.	.	.
年龄	0.007	0.016	0.172	1.007	0.012	0.019	0.405	1.012	-0.006	0.013	0.186	0.994
受教育程度	-0.294*	0.179	2.719	0.745	-0.359	0.221	2.627	0.699	0.064	0.155	0.172	1.066
健康程度	0.222	0.31	0.516	1.249	0.259	0.37	0.489	1.296	-0.036	0.247	0.022	0.964
是否村干部	0.272	0.318	0.733	1.313	-0.154	0.394	0.153	0.857	0.427	0.283	2.269	1.532
不是村干部	0^b	.	.	.	0^b	.	.	.	0^b	.	.	.
家庭人口数	-0.065	0.106	0.378	0.937	0.016	0.126	0.017	1.016	-0.081	0.084	0.941	0.922
劳动力数量	0.23*	0.131	3.058	1.259	0.069	0.16	0.185	1.071	0.161	0.109	2.169	1.175
家庭总收入	0	0	0.609	1	0	0	0.265	1	0	0	0.004	1
林业收入比重	2.049**	0.86	5.674	7.757	0.645	1.05	0.377	1.905	1.404**	0.669	4.401	4.072
林地面积	0.002	0.002	1.858	1.002	0.003	0.002	2.533	1.003	0	0.001	0.494	0.999
林地块数	-0.311***	0.102	9.257	0.733	-0.365**	0.146	6.222	0.695	0.053	0.126	0.181	1.055
林木质量	-0.229	0.236	0.936	0.796	-0.254	0.29	0.767	0.776	0.025	0.202	0.016	1.026
林地距家的距离	-3.03	0.146	4.297	0.739	-0.77	0.181	0.182	0.670	-0.225	0.129	3.042	0.798
林业生产要素充足程度	0.377***	0.132	8.147	1.458	0.133	0.17	0.612	1.142	0.244*	0.13	3.543	1.276
政策制度	0.172	0.134	1.646	1.188	0.297*	0.174	2.915	1.345	-0.124	0.13	0.911	0.883
采伐指标	-0.337**	0.14	5.761	0.714	-0.543**	0.184	8.687	0.581	0.206	0.139	2.202	1.228

注：①*，**，***分别代表在10%，5%，1%的统计检验水平上显著。

林业收入占家庭总收入的比重越大的农户愿意选择参加单户经营的概率越大。而与愿意选择股份经营相比，林业收入占家庭总收入的比重越大的农户愿意选择联户经营的概率越大。

林业资源禀赋特征。林地面积、林木质量对其选择意愿没有显著影响。林地块数表明了林地的分散程度，对经营形式的选择通过 10%、5% 显著水平检验且系数为负，即相比选择单户经营而言，农户林地块数越多，越倾向于选择股份合作经营或者联户经营。进一步与农户对联户经营和股份合作经营的意愿相比，在其他因素不变的情况下，农户林地地块每增加一个单位，农户倾向于选择联户经营的概率便增加 3.8%[①]。即该变量说明，与倾向于选择联户经营的农户相比，林地分散程度越高对于农户选择参与股份合作经营有积极作用。而与偏好选择单户经营的农户相比，林地分散程度对于选择联户经营有积极作用。

林业生产经营情况特征。林业经营生产要素在此包括资金、技术、劳动力、信息。生产要素情况对经营形式的选择通过 1%、10% 显著水平检验且系数为正，即相对选择联户经营和股份合作经营而言，林业生产经营情况越好的农户，越倾向于选择单户经营林地以获得最大限度的收益。进一步而言，在其他因素不变的情况下，林业生产经营情况每增加一个单位，相对股份合作经营倾向于选择单户经营农户参与意愿概率高于相对联户经营选择单户经营农户参与意愿概率 18.2%[②]。即该变量说明，在其他因素不变的情况下与愿意选择联户经营相比，林业生产经营情况越好的农户愿意选择参加单户经营的概率越大。而与愿意选择股份合作经营相比，林业生产经营情况越好的农户选择联户经营愿意的概率越大。

采伐指标对农户以股份合作为基准，农户选择单户和联户经营形式中均通过 5% 显著水平检验且系数为负，即相对单户经营而言，农户采伐指标申请越困难越倾向于选择联户经营或者股份合作经营。进一步而言，在其他因素不变的情况下，农户采伐指标申请困难度每增加一个单位，相对单户经营农户倾向于选择股份合作经营的参与意愿概率比相对联户经营农户参与股份合作经营的参与意愿概率高 13.3%[③]。即该变量说明，在其他因素不变的情况下与愿意选择联户经营相比，农户采伐指标申请困难度越大的农户愿意选择参加股份合作经营的概率越大。而与愿意选择单户经营相比，农户采伐指标申请困难度越大的农户愿意选择联户经营的概率越大。

政策制度特征。根据主成分分析将农户林业经营积极性与信息畅通归为政

---

①②③　由对应的 Exp($B1$)- Exp($B2$) 所得。

策制度特征。农户在联户经营和股份合作经营形式的选择中通过了 10% 显著性水平检验且系数为正，即表明农户林业经营积极性越高，信息获取越及时准确，其参加联户经营的可能性越大于参与股份合作经营。

5.5　本章小结

本章通过对农户样本的分析，从影响农户投入林业经营活动的分析中得出，打工收入是否为林农家庭主要收入对林农的经营意愿影响最大且成反比关系；另外，预感林业收入是否会增加、林农健康状况、受教育程度、是否为村干部与林农林业投入意愿成正比关系。

对不同林业经营形式的参与意愿进行分析，发现选择单户经营的农户最多，其次是联户经营。在影响农户选择意愿的因素中，总体来说，在农户自身特征中农户的受教育水平、农户家庭特征中的家庭劳动力状况及林业收入贡献程度、林业资源情况中林地的分散程度及林业生产经营情况、政策制度等因素在不同的统计显著性水平上影响农户选择意愿。其中，农户的家庭劳动力数量越多、林业生产经营水平越好，选择单户经营的意愿就越强烈，与研究假说相符；同时，研究表明农户对林业政策的关注程度和选择单户经营意愿之间的关系并不显著。

进一步而言，相对选择单户经营而言，农户受教育程度越高、林地分散程度越高、采伐指标获取越难，农户越倾向于选择股份合作经营。相对联户经营而言，林地分散程度越高、采伐指标获取越难，农户越倾向于选择股份合作经营；林业收入占家庭总收入比重越大、男性户主、林业生产经营情况越好，越倾向于选择单户经营。相对股份合作经营而言，家庭劳动力数量越多、林业收入占家庭总收入比重越大、林业生产经营情况越好，农户越倾向于选择单户经营，政策制度越好越倾向于选择联户经营。因此，林农选择经营形式受多种因素作用的影响，政府应明确影响林农选择各种经营形式的主导因素，充分尊重林农意愿，才能从真正意义上进行林业经营形式的创新，引导农户正确选择适合自己的经营形式，解放林地生产力，增加农户收益，进而解决农村经济内生动力不足的问题。

第6章 基于三阶段 DEA 模型的不同林业经营形式效率分析

新一轮集体林权制度改革是不断提高林业经营水平，促进林农林业经营效率从低效向高效演进的过程，基于不同林业经营形式的演变过程及差异性分析，发现农户对不同林业经营形式的选择主要是为了经营效率及利益目标的实现，因此，不同林业经营形式经营效率的测量对于研究不同经营形式的差异性问题尤为重要。

本研究涉及的林业经营效率是指微观主体在森林资源培育过程中的林业生产经营效率，即从投入产出的角度测量林业的综合效率、纯技术效率及规模效率。涉及生产、分配、交换和消费各个领域，涉及经济力度、经济关系和经济体制各个方面。而在林业生产经营活动中，林业经营主体是为了实现自身利益最大化而实施营林生产、抚育及采伐活动。具体的不同的林业经营形式，都是一种资源的配置方式。本章在分析了同一区域影响农户对不同的林业经营形式选择因素的基础上，根据不同林业经营形式的经营主体在商品林经营过程中的投入产出情况，剔除影响林业经营效率的环境和随机因素，客观真实地测量单户经营、联户经营和股份合作经营三种经营形式经营效率、资源配置效率和管理效率。

6.1 林业经营的指导思想及规则

林业经营必须遵循一定的指导思想，在三明市林业经营主体必须按照《福建省造林类型表》《福建省森林经营措施类型表》和《福建省森林采伐技术规范》三项规范的技术要求实施营林生产。具体而言，前两个表对福建省主要的森林经营类型进行了分类，第一个表指出所有林地经营主体在造林方面的规则，主要涉及立地质量等级、造林类型号、树种组成的不同，相应的规范林地清理方式、整地方式及规格、混交方式、造林的方法、苗木规格等；第二个表包括幼林抚育、抚育间伐、成林抚育保护等具体的营林措施；第三个表对林业经营的皆伐、渐伐、用材林抚育采伐、低产用材林改造采伐、更新采伐的适用范围以及相应的技术要求都做了具体的规范。无论任何经营主体，单户经营、联户经营、股份合作经营在林业经营的过程中都必须按照经营的指导思想从事林业生产经营活动，科学经营森林，才能走森林资源可持续发展的道路。

6.2 不同经营形式的三阶段经营效率分析

6.2.1 林业经营的经营效率

效率问题存在人类所有的生产、生活过程中。效率是指最有效地使用社会资源以满足人类的愿望和需要。在经济学中，效率是指有效利用稀缺资源的程度，主要是资源的配置状况。鉴于人的欲望是无限性的，对一项具体经济活动而言，效率即指其中最大化且最好地利用其有限的资源。林业经营效率是一个综合的概念。从宏观上说，是指整个林业产业资源的配置和产出状态。林业经营的高效率意味着林业资源处于最优配置状态，并能最大限度地满足社会对林业的多种需求。目前，我国对林业经营效率的研究侧重于从林业体制、机制及其运行的动态过程考察林业产业的总体运行状况，是社会主义市场经济条件下衡量林业经营总体水平的重要标志。

林业效率的高低主要取决于林业的经营管理体制、运行机制的基本取向、林业市场的发达程度，能否建立起与市场经济体制和林业的总体战略目标调整相适应的微观经济基础等关系到林业全局的发展（万志芳，2004）。从具体的范围看，林业效率可分解为：高效率的林业制度安排、发达的林业市场体系、林业投入效率、林业产出效率等。

本章所涉及的林业经营效率是指微观主体在森林资源培育过程中的林业生产经营效率，即从投入产出的角度测量林业的综合效率、纯技术效率及规模效率。它受多方面因素影响，总体上可分为三类，一是林地的自然条件，即林地的自然生产力和区位条件等决定因素；二是林业生产经营中要素投入量、要素质量及生产和经营管理技术水平等内在因素；三是林业生产经营的外部环境，主要包括政策及制度环境、区域经济发展水平及相关产业保障水平、该产业领域综合生产力水平及市场环境等。

6.2.1.1 林业规模效率

林业规模效率（Scale Efficiency，SE），指的是林业生产经营规模与经济效益的关系。该指标反映的是三种经营形式（单户经营、联户经营、股份合作经营）生产规模的有效程度，在本研究中，林业规模效率反映了单户经营、联户经营及股份合作经营是否在最佳投资规模下开展的经营活动。

6.2.1.2 林业纯技术效率

林业纯技术效率（Technical Efficiency，TE），指的是在假定林业经营投入要素不变的情况下，三种经营形式（单户经营、联户经营、股份合作经营）的实际产出与同样投入情况下最大产出之间的比值。该指标能够反映单户经营、联户经营及股份合作经营在经营过程中现有技术被利用的有效程度，即在给定投入的情况下不同林业经营形式获取最大产出的能力。

6.2.1.3 林业技术效率

林业技术效率（Scale & Technical Efficiency，STE），又称为规模技术效率或综合效率，它反映的是林业纯技术效率和林业规模效率的总体状况，其计算公式是：STE＝TE×SE。通常而言。当单户经营、联户经营或股份合作经营的综合效率值为 1 时，该对象的效率被认为是 DEA 有效的。因此，只有当单户经营、联户经营或股份合作经营同时达到技术有效和规模有效时，其综合效率才是有效的。

6.2.2 调查区域主要经营树种情况

在实际调研中，我们发现林农对不同的树种经营意愿不同，相应的成本及收益也不同，包括投入资金的时期和方式、劳动的比例等，从而导致经营效率的不同。

在福建的集体林地面积中，用材林面积比重为 75.65%，竹林面积占 16.76%。（三明市林业统计年鉴，2013）因此，本研究选取林农对用材林、毛竹两类树种的投入和产出情况分析不同林业经营形式的经营效率具有科学性和全面性。

6.2.2.1 杉木和马尾松

福建省的用材林主要是杉木林（*Cunninghamia lanceolata*）和马尾松（*Pinus massoniana*）两种，作为我国南方造林面积最大的树种，具有材质好、生长快、病虫害少等优点，是不可多得的优良乡土树种（江晓红，2006）。但由于杉木针叶养分含量低，分解慢，林地自肥能力差，多代经营杉木纯林会导致林地土壤肥力衰退、林木生长不良、生产力下降、林地生态环境恶化。实践表明，合适的多树种混交林可调整林分结构，提高土壤肥力，促进林木生长，提高林分蓄积量，同时改善林地生态环境（王青天，2012）。从实地调查用材林情况来看，在 2003 年集体林权制度改革以前，用材林的经营状况主要以"干部林""大户林"为主，林木的经营权和收益权都集中在村干部及大户（林农或公司）手中，广大林农对用材林没有实质上的经营权，还有一部分林业"三定"

时期的责任山和后来"谁造谁有"的用材林，由于责、权、利不清，导致农户的权益无法得到保障（黄建兴，2005），直到新一轮的集体林权制度改革明晰产权之后，广大村民才真正获得了用材林的经营权、处置权和收益权。

6.2.2.2　竹林和经济林

竹林和经济林。三明市最早实现分林到户的区域同时也是地理区位相对比较偏远的区域，我们在实地调研中发现，这些区域森林资源主要以毛竹林为主，且大多采取单户经营的形式，且从 20 世纪 80 年代初期以来基本上保持了稳定。通常而言，由于林农对于毛竹的砍伐基本上不受采伐限额制度的影响，拥有自主决策权，且毛竹生产周期相对用材林而言较短，加之近年来随着竹子加工业的快速发展，竹子的价格呈升高趋势，林农更偏好于对毛竹林的经营。

6.3　研究方法

6.3.1　单因素分析

采用单因素方差分析方法分析不同林业经营形式对农户林业经营投入行为的影响。单因素方差分析用来研究一个控制变量的不同水平是否对观测变量产生显著影响，其基本原理是：如果观测变量在某控制变量的各个水平中出现了明显波动，则认为该控制变量是影响观测变量的主要因素，反之则认为该控制变量没有对观测变量产生重要影响，其数据的波动是由抽样误差造成的。选择农户的兼业类型作为控制变量，选择农户的林业经营投入行为指标（资本投入、劳动投入、林地规模等）作为观测变量，分别用 SPSS17.0 软件包进行单因素方差分析。F 检验结果显示均在 1%、5% 或 10% 的显著水平上通过检验，这说明农户不同林业经营形式对林业经营利用方式和行为选择有显著性影响。

6.3.2　数据包络分析

数据包络分析（Data Envelopment Analysis，DEA）是一种对具有相同类型决策单元（DMU）进行绩效评价的方法。该方法假定每个投入指标都与一个或多个产出指标相关联，且无须确定是何种关联形式。主要有不变规模报酬的 CCR 模型及可变规模报酬的 BCC 模型两类（Rao et al.，2005）。本研究运用 Fried 提出的三阶段 DEA 模型（Fried et al.，2002），其最大的特点是剔除影响效率的环境因素及随机误差，从而更好地评估 DMU 的效率。

第一阶段：运用传统的 BCC 模型来评价经营效率。BCC 模型分为投入和产出导向型，本质上两种导向是从不同的角度解决同一个问题，终结论一致，且投入的数量是决策的基本变量，相对于产出量，投入量更易控制。因此，本书采用投入导向型的 BCC 模型。假设有 n 个 DMU_j，每个 DMU_j 都有 m 种类型的输入和 s 种类型的输出。$X_j=(x_{1j}, x_{2j}, \cdots, x_{mj})^T$ 是为投入要素，$Y_j=(y_{1j}, y_{2j}, \cdots, y_{sj})^T$ 为产出要素，其中 $j=1, 2, \cdots, n$。对于任一决策单元 DMU_0，对偶形式的 BCC 模型可表示为：

$$
D_{BCC}
\begin{cases}
\min\theta \\[4pt]
\sum_{j=1}^{n} X_j \lambda_j + S^+ = \theta X_o \\[4pt]
\sum_{j=1}^{n} Y_j \lambda_j - S^- = Y_o \\[4pt]
\sum_{j=1}^{n} \lambda_j = 1 \\[4pt]
\lambda_j \geqslant 0,\ j=1, 2, \cdots, n,\ \theta\text{无限制} \\[4pt]
S^- \geqslant 0,\ S^+ \geqslant 0
\end{cases}
\tag{6-1}
$$

式（6-1）中，λ_j 表示单位组合系数，θ 为 DMU_0 的经营效率值。S^+ 为投入松弛量，S^- 为产出松弛量，若 $\theta=1$，且 $S^+=S^-=0$，则决策单元 DEA 有效；若 $\theta=1$，且 $S^+\neq0$，或 $S^-\neq0$ 时，则决策单元为弱 DEA 有效；若 $\theta<1$，则决策单元非 DEA 有效。θ 还可以进一步分解成规模效率与纯技术效率的乘积。

第二阶段：运用类似 SFA 模型分解第一阶段的松弛值（Total Slacks）。该松弛量 S_{ni} 为各决策单元的实际投入与最佳效率下的投入之差，即 $S_{ni}=X_{ni}-X_{ni}\lambda\geqslant0$；$n=1, 2, \cdots, N$；$i=1, 2, \cdots, I$），该值反映了生产者初始的管理无效率、环境效应和随机误差值。因此，在此基础上，运用 SFA 以期测量它们对 S_{ni} 的影响，以各投入的松弛量、环境因素变量分别作为因变量和自变量，对具体每一项投入的松弛量均各自建立一个 SFA 回归方程：

$$
S_{ni}=f^n(z_i;\ \beta^n)+v_{ni}+u_{ni},\ n=1, 2, \cdots, N,\ i=1, 2, \cdots, I
\tag{6-2}
$$

式（6-2）中，$i=1, 2, \cdots, I$；S_{ni} 表示第 i 个决策单元第 n 项投入的松弛量；假定环境变量的数量为 K，$z_i=[z_{1i}, z_{2i}, \cdots, z_{ki}]$，环境变量的待估参数为 β^n；环境变量对 S_{ni} 的影响为 $f^n(z_i;\ \beta^n)=z_{ni}\beta^n$。在 SFA 回归方程中 $v_{ni}+u_{ni}$ 为混合误差项，v_{ni} 为随机干扰项，并假设 $v_{ni}\cdot N(0,\ \sigma_{vn}^2)$；$u_{ni}$ 表示管理无效率，服从截断正态分布，即 $u_{ni}\cdot N^+(u^n,\ \sigma_{un}^2)$；$v_{ni}$ 与 u_{ni} 相互独立不相

关。值得注意的是 $\gamma = \dfrac{\sigma_{vn}^2}{\sigma_{un}^2 + \sigma_{vn}^2}$ 中，当 γ 的值趋近于 1 时，管理因素是 S_{ni} 的主要影响因素；相反趋近于 0 时，则随机因素占主导地位。

利用 SFA 模型的回归结果进一步对决策单元的原始投入项进行调整，使所有决策单户不受外部环境或随机因素的影响，处于同质的经营条件下，对环境条件较好或运气较好的 DMU 增加其投入量。并借助 JLMS 方法，得到管理无效率的条件估计 $\hat{E}[u_{ni}|v_{ni}+u_{ni}]$，分离统计噪声和管理无效率，统计噪声的条件估计为：

$$\hat{E}[v_{ni}|v_{ni}+u_{ni})] = s_{ni} - z_i\hat{\beta}^n - \hat{E}[u_{ni}|v_{ni}+u_{ni}], \quad n=1, 2, \cdots, I$$

$$(6-3)$$

然后，以其投入量为基础对其他各样本投入量的调整如下：

$$\hat{x}_{ni} = x_{ni} + [\max_i\{z_i\hat{\beta}^n\} - z_i\hat{\beta}^n] + [\max_i\{\hat{v}_{ni}\} - \hat{v}_{ni}], \quad n=1, 2, \cdots, N; \ i=1, 2, \cdots, I$$

$$(6-4)$$

式（6-4）中，x_{ni} 表示第 i 个决策单元第 n 项投入的实际值，$\hat{x}_{ni}$ 为其调整之后的值；$\hat{\beta}^n$ 为环境变量参数的估计值；$\hat{v}_{ni}$ 为随机干扰项的估计值。其中 $\max_i\{z_i\hat{\beta}^n\} - z_i\hat{\beta}^n$ 表示将所有 DMU 调整于相同环境，$\max_i\{\hat{v}_{ni}\} - \hat{v}_{ni}$ 表示将所有 DMU 的统计噪声调整为相同情形。

第三阶段：调整后的 DEA 模型。第二阶段得到的调整后的投入 $\hat{x}_{ni}$ 代替原始投入 x_{ni}，原始产出 y_{ni} 不变，再次运用 BCC 模型进行效率评估，由此得到各 DMU 新的效率值，即为剔除了环境因素和随机因素影响后的效率值。

6.4　数据来源

本节数据来源于 2012 年 7 月至 2013 年 7 月调查组对福建省三明市不同林业经营形式的经营效率所做的农户调研，采用抽样调查的方法选取了 9 个县（市），包括：永安、将乐、梅列、三元、沙县、泰宁、明溪、宁化、清流等，这些区域森林资源丰富，均为我国南方集体林区重点县，农户对森林资源的依赖度较高。在每个县随机抽取约 100 户农户，总随机抽取调查了 903 户农户，调查内容主要涉及农户家庭主体特征、生产经营特征和外部投资环境特征。统计整理后有效问卷共 890 份，有效率约达 98.6%，本章仅对其中参与林业经营的 856 户农户的经营效率进行评价。

6.4.1　经营投入指标

研究林业经营的效率问题，首先我们需要确定林业经营的投入都包括哪些内容，具体而言，投入指标一般包括资本、劳动力、能源、原材料以及购买的服务（Manual，2001）。本研究在前人研究的基础上（张春霞，2010），选取投入指标如下：

（1）资本投入：是整个林业经营过程中的资金投入，包括林地使用费、种苗费、农药化肥使用费、抚育过程中支出费用、日常管理费。

（2）劳动力投入：造林、幼林抚育除草松土施肥、郁闭后成林抚育、森林管护等农户的自投工日及雇工日。

其中，劳动力的投入情况主要分为以下两种：家庭劳动力自身投入，是指在林业经营的过程中，造林、抚育、采伐过程均由家庭成员承担。若根据经济学对劳动力成本进行核算，对于家庭自有劳动力而言，强调的是劳动力的机会成本问题，即家庭经营当中劳动力投入的影子价格。在单户经营中，由于生产经营活动与农户家庭生活密不可分，所以经营主体本身对于自身劳动力投入量的核算也相当困难，加之农户对于林业经营劳动力的投入没有严格意义上的上下班时间，因此，试图对农户生产经营过程中的林业劳动力投入与非林劳动力投入进行单独核算也很难做到。

（3）林地投入：由于在调研区域，林农经营的主要用材林树种为杉木、马尾松和毛竹，现实中，林农经营过程中对杉木和马尾松的经营为混交形式，较难区分出杉木和马尾松的面积，因此林地投入中的林地面积为用材林（杉木及马尾松的面积之和）和毛竹林地面积。

6.4.1.1　用材林经营成本

实地调研中我们发现，对于用材林的经营主要集中在前4年的造林和抚育投入成本。根据所有样本统计，具体用材林的成本投入如表6-1所示。

表6-1　三明市农户用材林经营成本

单位：元/亩

营林年	2010年	2011年	2012年	2013年
第1年	320	330	350	350
第2年	100	110	120	120
第3年	50	60	60	60
第4年起	50	50	60	60

数据来源：根据实际调研数据整理而得。

农户在2012年用材林经营投入的情况如6-2所示。2012年苗木的平均支出为41.75元/亩；2012年雇工的平均支出为83.27元/亩；2012年农药化肥的平均支出为 11.97 元/亩；2012 年林地流转与租用机械的平均支出为 29.05 元/亩与 14.82 元/亩；农户用材林经营中，2012 年的平均支出为 180.86 元/亩。

表 6 - 2　用材林经营投入情况表

单位：元/亩

年份	苗木	雇工	农药化肥	林地流转	租用机械	支出总计
2012	41.75	83.27	11.97	29.05	14.82	180.86

数据来源：根据实际调研数据整理而得。

6.4.1.2　毛竹经营成本

毛竹林营林生产成本主要包括：砍杂、垦复、施肥、管护和病虫害防治等，其中第 1～4 年为调整期，第 5 年后为正常年，以后每年成本一致，因此，表 6 - 3 只给出第 1～6 年的营林生产成本。

表 6 - 3　竹林营林生产成本一览表

单位：元/公顷

项目	第 1 年	第 2 年	第 3 年	第 4 年	第 5 年	第 6 年
砍杂（铲山）	1 200	—	900	—	600	—
施肥（含肥料）	900	—	900	—	900	—
管护	60	60	60	60	60	60

数据来源：根据实际调研数据整理而得。

采运（挖）成本：农户表示从山上到林区公路费用分别为：8 寸 2 元/根；10 寸 3 元/根；12 寸 3.5 元/根，因为只有不同龄组的毛竹面积和株数，所以在计算过程中采用平均价。具体而言，竹笋采挖成本分别为：冬笋 2.0 元/千克、春笋 1.6 元/千克。

6.4.2　经营产出指标

产出指标包括两部分：①用材林出材量：我们在实际调研中发现，农户对杉木和马尾松的经营几乎无区别，而杉木和马尾松区别体现在各自不同的生长周期，主伐年龄。本研究主要根据调研情况及相关研究（章允清，2006；曹汉洋，2000；江晓红，2006），通过综合考虑林地的立地条件、杉木、马尾松林龄、剔除杉木价格因素等，结合研究区域不同林分年龄的杉木、马尾松蓄积量模型，以及在各乡镇的座谈和农户实地调查及与相关林业工作人员的访谈，确定了马尾松和杉木的树种结构比为 1：1.2，最终选取 $M = 460.586\,3 \times [1 -$

exp(0.082 905 t)]$^{3.098\,856}$ 测算，其中，M 为每公顷的蓄积量，t 为林分年龄。由于用材林的出材率一般是维持在 70%，因此用材林出材量模型为 $V=0.7\times M$（V 为单位面积出材量）（曾云钦等，2011）。在实际调研中，用材林平均每亩产量 11.13 立方米，销售收入平均每亩 731.67 元。

②毛竹收益：采用农户当年毛竹林地的所有产出（竹材销售、春冬笋、笋干）收益。由于本研究调研时间只有 2012 年和 2013 年两年，因此折现率作为一项重要参数。通过对我国商业利率 8% 及调研中收集的农户造林项目商业贷款实际利率 6% 综合考虑，本研究对农户的资金投入、毛竹收益采用 7% 的贴现率统一计算，具体三种经营形式的投入产出情况如表 6-4 所示。

表 6-4　三种林业经营形式的经营效率评价指标及统计特征

经营形式			个数	最小值	最大值	平均数	方差
单户经营	投入	资金（元）	670	0	120 000	4 453.34	20 800.6
		劳动力（工/日）	670	0	3 000	161.58	537.66
		用材林林地面积（亩）	670	0	826	84.05	207.03
		毛竹林地面积（亩）	670	0	300	19.70	59.170
	产出	用材林出材量（立方米）	670	0	138 346	7 636.96	25 576.7
		毛竹收益（元）	670	0	82 617	2 909.09	14 368.2
联户经营	投入	资金（元）	153	0	160 000	5 353.89	16 302
		劳动力（工/日）	153	0	2 400	92.19	275.23
		用材林林地面积（亩）	153	0	702	67.84	130.13
		毛竹林地面积（亩）	153	0	400	10.94	39.71
	产出	用材林出材量（立方米）	153	0	174 828	6 180.58	21 771.4
		毛竹收益（元）	153	0	46 729	1 327.85	5 085.68
股份合作经营	投入	资金（元）	33	0	186 916	5 102.71	16 989.8
		劳动力（工/日）	33	0	3 200	106.07	261.07
		用材林林地面积（亩）	33	0	1 200	23.58	82.81
		毛竹林地面积（亩）	33	0	780	13.87	52.60
	产出	用材林出材量（立方米）	33	0	192 394	1 833.02	10 007.8
		毛竹收益（元）	33	0	560 748	3 864.50	26 393.4

三种林业经营形式处于同一区域，因此社会经济发展水平是同质的。本研究中的环境变量是指经营主体除了林业经营投入以外的可能对经营效率存在影响的经营外部条件及能力（Fried，1999）。本研究结合前人的研究（郭军华

等，2010；Conway，2003；Zhang D，2007）认为环境变量主要包括以下四个方面：经营主体的自身特征、家庭经营能力、自然资源特征、国家政策等外部环境，如图 6-1 所示。

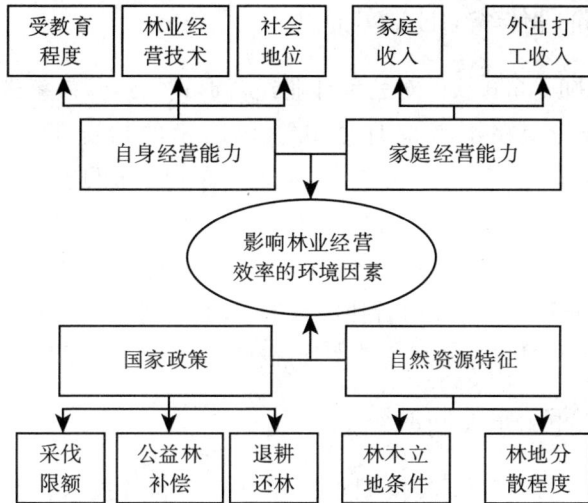

图 6-1　影响林业经营效率的外部环境因素

其中，经营主体的自身特征：选取农户受教育程度、是否参与林业经营技术培训、是否村干部。一般而言，农户文化水平越高、参与林业经营技术培训次数越多、担任村干部，不仅可以促进农户知识和技能的积累，更有助于经营效率的提高。

家庭经营能力：选取家庭人均年收入、家庭外出打工数量。一般家庭人均年收入越高，农户投入林业经营的资金越多，越能促进经营效率的提高，而家庭外出打工人数越多，可能投入林业经营的劳动力则越少，不利于经营效率的提高。

自然资源选取立地条件、林地的分散程度等。林地资源的好坏直接影响林地生产力从而对林业经营效率有重要影响。

林业政策主要是指政府对林业经营补贴政策，包括退耕还林补贴政策、生态公益林补偿政策及采伐限额制度。一般而言，退耕还林补贴能提高农户经营积极性从而提高农户经营效率，而生态公益林补贴的增加有可能促使农户保护森林资源，降低林业经营积极性从而降低农户经营效率。采伐限额制度一方面会使林业经营主体的生产经营积极性降低，失去部分林木的处置权；另一方面，受采伐限额的影响，经营主体难以按照最佳轮伐期进行林业经营活动，可能导致林木资产变现能力变弱，从而降低了经营效率（姚顺波，2005）。

6.5 结果分析

6.5.1 第一阶段传统 DEA 实证结果

利用 MAXDEA6.0 软件对三种林业经营形式的经营效率进行了投入导向型 BCC 模型分析。在不考虑环境和随机因素的情况下，经营效率均值（TE1）：股份合作（0.507）＞联户（0.453）＞单户（0.115）；纯技术效率均值（PTE1）：股份合作（0.827）＞联户（0.705）＞单户（0.367）；规模效率均值（SE1）：联户（0.643）＞股份合作（0.613）＞单户（0.313）。单户经营的TE1、PTE1、SE1 最低，股份合作经营的 PE1 达到 0.827 处于技术效率前沿面，同时，三种不同方式的经营效率均存在大量可改进空间。

6.5.2 第二阶段 SFA 回归结果

第一阶段利用传统 DEA 模型求得经营效率和各投入松弛量后，以类似SFA 模型运用 Frontier4.1 软件估计环境因素与随机误差对效率的影响。其中，第一阶段因变量为各投入变量的松弛变量的对数值，自变量为环境变量的对数值。SFA 模型是以环境变量作为自变量对各投入松弛变量进行的回归，当回归系数没有通过显著性检验时，那么环境变量仅在方向上对投入松弛变量有影响。而当回归系数通过了显著性检验，且为负数时，则表示该环境变量值的增加，将会导致投入松弛量的减少，从而有助于提高经营效率；相反为正数时，则不利于经营效率的提高。三种林业经营形式的经营效率的 SFA 回归结果具体如下：

由表 6-5 可知，在单户经营中，资金松弛量方程的 γ 值约等于 1 且通过显著性检验，表示管理因素是影响资金投入的主导因素；劳动力、用材林和毛竹林地投入松弛量方程中的 γ 值接近于 0 且显著，表示在用材林林地和毛竹林林地投入主要受随机因素的影响，因此使用 SFA 方法是必要的。进一步而言，在劳动力松弛和资金松弛变量回归方程中，农户林业经营技术水平的回归系数为负数，且通过 10% 的显著性检验，则表明提高农户经营技术水平会使劳动力和资金投入浪费情况好转，这可能是因为农户的技术水平提高，采用先进的技术设备，能节约劳动力有效利用资本，提高经营效率。家庭人均收入对四种投入松弛变量的回归系数均为负，且均通过 10% 的显著性检验，人均收入的增加有助于农户林业经营积极性的提高，从而提高农户经营效率。在劳动力和资金松弛变量回归方程中，外出打工人数的回归系数为正，且通过 10% 的显著性检验，表明外出打工人数的增加，对资金和劳动力投入的浪费会加大，效率降低，这可能是因为熟悉林业经营活动的青壮年农户都外出打工，在家里的劳动力多为老人和小孩，使经营效率难以提高；立地条件的回归系数为负，表明立地条件越好，对资金和劳动力投入的浪费会减少，效率提高。资金投入松弛回归方程中，林业财政补贴因素的回归系数为正，且通过 10% 的显著性检验，表明当财政补贴增加时会使资金投入浪费更加严重，这可能是因为当补贴增加时，农户会盲目加大资金投入，而用材林和毛竹的林地面积不够，造成了投入要素的不匹配。

表 6－5　单户经营效率 SFA 回归结果

自变量	因变量			
	劳动力投入松弛变量	资金投入松弛变量	用材林林地投入松弛变量	毛竹林地投入松弛变量
常数项	0.846 (1.039)	2.624 (2.305)	1.048 (2.719)	0.723 (1.08E+00)
受教育程度	0.316 (0.463)	0.826 (0.291)	9.02E－01 (6.47E－01)	1.911 (0.093)
技术水平	－1.528*** (0.292)	－1.676* (1.962)	0.903 (0.848)	0.418 (0.937)
是否村干部	－0.234 (0.351)	0.538 (0.674)	0.189 (0.216)	0.732 (0.415)
家庭人均年收入	－0.291* (0.136)	－0.492* (0.351)	－0.403* (0.142)	－0.387* (0.235)
家庭外出打工人数	0.623* (0.112)	1.521* (0.311)	0.275 (0.418)	0.438 (0.172)
立地条件	－0.213* (0.647)	－0.534* (0.118)	0.683 (0.221)	0.915 (0.368)
林地分散程度	1.023 (0.724)	0.831 (0.694)	0.467 (0.892)	0.178 (0.053)
林业财政补贴	－0.836 (0.479)	1.036* (0.324)	0.611 (0.182)	0.821 (0.483)
采伐指标	0.501 (0.273)	0.736 (0.124)	0.301 (0.022)	0.174 (0.093)

（续）

自变量	因变量			
	劳动力投入松弛变量	资金投入松弛变量	用材林林地投入松弛变量	毛竹林地投入松弛变量
σ^2	0.581*** (0.036)	4.116*** (3.642E−01)	0.121* (0.029)	0.396*** (0.074)
γ	4.37E−06 (1.032E−02)	0.999*** (9.25E−05)	1.583E−06* (4.11E−02)	5.42E−06* (1.04E−02)
log likelihood function	−5.01E+01	−4.55E+01	−1.93E+00	−34.28
LR test of the one-sided error	1.39E+01			

注：*、**、***分别表示在10%、5%、1%统计水平上显著，括号里的数值为方差值。

由表6-6可知，在联户经营中，劳动力和毛竹林地投入松弛量方程γ值约等于1且达到了10%以上的显著水平，说明劳动力和毛竹投入受管理因素影响，其他投入松弛量方程中的γ值均接近于0但不显著。进一步而言，农户受教育年限对于劳动力投入松弛变量系数为负，且通过1%的显著性检验，即当农户受教育年限提高会减少劳动力投入浪费，这可能是因为受教育时间越长的农户具有越高的劳动生产能力和创造力。农户技术水平对劳动力投入松弛量的回归系数为正，且通过1%的显著性检验，即农户技术水平的提高会加大劳动力投入浪费，这可能是因为同一个联户经营中，农户经营水平参差不一。外出打工人数对资金投入松弛量的回归系数为正，且通过10%的显著性检验，这可能是因为联户经营由于缺乏熟练的青年劳动力，而盲目加大投入资金雇佣劳动力，造成了浪费，经营效率降低。在用材林地、毛竹林地投入松弛量回归方程中，林业财政补贴的回归系数均为正，且通过10%的显著性检验，即增加财政补贴会加大用材林、毛竹林地投入浪费，这可能是由于补贴增加，促使农户盲目扩大种植规模。

表6-6　联户经营效率SFA回归结果

自变量	因变量			
	劳动力投入松弛变量	资金投入松弛变量	用材林林地投入松弛变量	毛竹林地投入松弛变量
常数项	−6.162*** (0.035)	2.917 (3.426)	7.531 (3.726)	−16.902** (2.824)
受教育程度	−2.073*** (0.029)	4.612* (3.025)	0.541 (1.403)	5.201 (0.612)

（续）

自变量	因变量			
	劳动力投入松弛变量	资金投入松弛变量	用材林林地投入松弛变量	毛竹林林地投入松弛变量
技术水平	3.517*** (0.154)	−1.317 (2.023)	1.936 (1.062)	4.417 (0.251)
是否村干部	−0.924 (0.351)	−0.822* (0.561)	0.589 (0.161)	1.732 (0.356)
家庭人均年收入	−1.987 (0.024)	−1.234 (0.603)	−1.782 (0.524)	−2.017 (0.402)
家庭外出打工人数	0.793 (0.132)	0.521* (0.389)	0.394 (0.301)	0.438 (0.172)
立地条件	0.187 (0.342)	−0.945 (0.108)	0.803 (0.221)	0.915 (0.368)
林地分散程度	1.023 (0.724)	0.831 (0.694)	0.293 (0.605)	0.392 (0.013)
林业财政补贴	3.501 (0.108)	2.816 (1.012)	1.546* (0.782)	1.601* (0.724)
采伐指标	−1.31 (0.601)	1.821 (0.746)	1.019 (0.714)	0.984 (0.638)
σ^2	1.081** (0.236)	0.551* (1.82E−01)	0.302* (0.053)	0.029 (0.064)
γ	9.90E−01* (2.236E−07)	1.07E−05 (3.42E−02)	5.636E−06 (2.94E−02)	0.999*** (2.03E−05)
log likelihood function	−5.72E+00	−7.21E+00	−4.03E+00	2.74
LR test of the one-sided error	5.24E+00			2.871

注：*、**、*** 分别表示在 10%、5%、1% 统计水平上显著，括号的数值为方差值。

　　由表 6-7 可知，在股份合作经营中，4 个投入松弛量方程 γ 值均未通过 t 检验，四种投入松弛量管理效率和随机误差影响不明显，运用方程 SFA 回归分析并不可取，但是由于也没有确定管理和随机因素对效率有无影响，因此有必要进一步分析。其中，在劳动力松弛变量回归方程中，农户受教育年限回归系数为负；而在资金投入松弛变量回归方程中，农户受教育年限回归系数为正，且均通过 10% 的显著性检验，即农户受教育年限提高，会减少劳动力投入浪费而增加资金投入浪费，这可能是由于农户素质越高，越偏好节省劳动力同时加大资金投入，造成两种投入不匹配的生产要素组合。经营技术水平对用材林林地和毛竹林地投入松弛变量回归系数为负，且通过 10% 的显著性检验，即农户的技术水平提高会减少农户林地投入浪费，这可能是由于农户参与了相关技术培训，能够更好地运用先进林业经营技术进行造林、抚育及采伐，能充分利用林地资源。

表 6-7 股份合作经营效率 SFA 回归结果

自变量	因变量			
	劳动力投入松弛变量	资金投入松弛变量	用材林林地投入松弛变量	毛竹林地投入松弛变量
常数项	−1.702**	−2.736***	1.251	0.852
	(0.431)	(0.418)	(1.667)	(1.04E+00)
受教育程度	−0.132*	0.473*	−6.56E−01	−0.896
	(0.105)	(0.261)	(5.17E−01)	(0.412)
技术水平	0.317	−0.439	−0.213*	−0.739*
	(0.205)	(0.202)	(0.607)	(0.142)
是否村干部	−1.425	−0.866*	0.725	0.984
	(0.782)	(0.209)	(0.282)	(0.271)
家庭人均年收入	−0.062	0.042	0.211	0.627
	(0.051)	(0.070)	(0.387)	(0.246)
家庭外出打工人数	0.901	0.428 1	0.341	0.527
	(0.082)	(0.301)	(0.118)	(0.313)
立地条件	−1.016	−0.837	0.652	1.304
	(0.193)	(0.168)	(0.901)	(0.326)
林地分散程度	0.911	0.784	0.187	0.231
	(0.463)	(0.526)	(0.095)	(0.026)
林业财政补贴	0.716	0.193	0.624	0.432
	(0.105)	(0.021)	(0.257)	(0.393)
采伐限额	−1.526	0.731	0.862	0.759
	(0.273)	(0.538)	(0.422)	(0.248)
σ^2	0.284***	0.451***	0.704	0.371***
	(0.026)	(3.78E−02)	(0.513)	(0.028)

（续）

自变量	因变量			
	劳动力投入 松弛变量	资金投入 松弛变量	用材林林地投入 松弛变量	毛竹林地投入 松弛变量
γ	0.00 (8.666E−02)	0.00 (1.29E−02)	0.41 (0.73)	0.00 (5.72E−02)
log likelihood function	−1.97E+02	−4.26E+02	−5.01E+01	−99.38
LR test of the one‑sided error			1.82E−02	

注：＊、＊＊、＊＊＊分别表示在 10%、5%、1%统计水平上显著，括号的数值为方差值。

6.5.3　第三阶段 DEA 实证结果

在第三阶段，将调整后的投入变量再次代入第一阶段的 BCC 投入导向模型中，同时保持原始产出值，重新计算各决策单位的效率值，运行结果见表 6‑8。

表 6‑8　三种林业经营形式的经营效率、纯技术效率及规模效率值及各投入的松弛值

经营形式	TE3	PTE3	SE3	投入松弛	是否存在投入松弛	样本数	所占比重（%）	松弛平均值
单户经营	0.152	0.498	0.305	劳动力	是	306	45.67	80.714
					否	364	54.33	
				资金	是	290	43.28	15 639.65
					否	380	56.72	
				用材林面积	是	36	5.37	2.074
					否	634	94.63	
				毛竹面积	是	122	18.21	11.6
					否	548	81.79	
联户经营	0.453	0.714	0.634	劳动力	是	64	41.83	32.978
					否	89	58.17	
				资金	是	49	32.03	6 241.173
					否	104	67.97	
				用材林面积	是	11	7.19	10.728
					否	142	92.81	
				毛竹面积	是	31	20.26	7.105
					否	122	79.74	

（续）

经营形式	TE3	PTE3	SE3	投入松弛	是否存在投入松弛	样本数	所占比重（%）	松弛平均值
股份经营	0.441	0.626	0.705	劳动力	是	10	30.30	6.941
					否	23	69.70	
				资金	是	8	24.24	1 395.518
					否	25	75.76	
				用材林面积	是	8	24.24	4.238 6
					否	25	75.76	
				毛竹面积	是	5	15.15	1.143
					否	28	84.85	

注：TE3 表示第三阶段经营效率均值，PTE3 表示第三阶段纯技术效率均值，SE3 表示第三阶段规模效率均值，TE3＝PTE3×SE3.

从结果可知，与第一阶段三种经营形式的效率情况相比较，经过第二阶段将影响效率的环境因素和随机误差的影响剔除后，单户经营的经营效率和纯技术效率有不同程度的提高，而规模效率有所下降；联户经营的三种效率均提高；股份经营的经营效率有所下降、纯技术效率有所下降、规模效率有所提高。进一步而言，两个阶段单户经营和联户经营规模效率都小于纯技术效率，表明调整前的低效率主要是由于较差的环境和运气所致。股份合作经营的经营效率有所下降是由于其纯技术效率下降导致的。综合来说，调整后经营效率变为：联户＞股份合作＞单户；纯技术效率变为：联户＞股份合作＞单户；规模效率变为：股份合作＞联户＞单户。这主要是由于三明市目前股份经营的产权带有一定模糊性，难以分林到户，仍由村集体统一经营，造成了规模效率最高，而综合效率不高；而联户经营的产权主体明晰，并由有经营能力的大户联合组成，且具有一定规模，因此效率最高。同时，三种林业经营形式在经营过程中均存在投入松弛情况（表6-8）。其中，劳动力和资金投入松弛情况的农户数量及松弛量的均值：单户＞联户＞股份合作。这主要是由于联户和股份合作经营形式规模经营降低了经营成本，节约了劳动投入。在用材林和毛竹林地投入中，三种经营形式松弛量均较小，说明农户林地经营的积极性较高，能充分利用林地资源。

6.6 本章小结

本章运用三阶段 DEA 模型，剔除了环境因素及随机因素后，对三种经营形式的经营效率进行了分析，得出以下主要结论：

（1）调整前后三种经营形式的经营效率、纯技术效率、规模效率都发生了明显变化，说明环境因素和随机误差确实对三种经营形式的经营效率产生了影响，有必要利用三阶段 DEA 方法分析。经过调整后的联户经营 TE 和 PTE 均高于股份经营，更进一步说明应用三阶段 DEA 模型比传统 DEA 方法更为合理和精确。

（2）通过第二阶段的 SFA 回归分析发现，环境因素中农户家庭人均收入、立地条件是提高单户经营效率的有利因素；外出打工人数、财政补贴是单户和联户经营效率提高的不利因素，农户受教育年限是联户和股份合作经营效率提高的有利因素；经营技术水平是单户和股份合作经营效率提高的有利因素。

（3）综合效率是：联户经营高于股份合作经营高于单户经营，进一步分析其各投入要素的松弛量发现，投入松弛在各经营形式中劳动力投入松弛最大，资金投入松弛次之。

因此，通过控制环境因素是提高林业经营效率的主要途径。首先，提高农户的家庭林业收入，林农受教育水平和林业经营技术水平，有效配置生产要素投入，尤其是联户经营需加强农户间技术交流。其次，政府林业财政补贴对经营效率的负影响并非意味着要减少补贴，目前补贴标准整体较低，没有如预期促进农户林业经营效率，反而导致了投入的浪费，可能是由于补贴项目组合中，生态公益林补偿的增加对农户经营林业有消极作用而造林补贴、退耕还林补贴会增加农户从事林业经营的积极性，因此政府需要重新考虑对于不同经营形式的经营主体的各类补贴组合问题，增加林业经营项目的财政补贴。

同时，针对单户经营效率、纯技术效率、规模效率都低，应从管理水平的提升及林地流转制度的完善，林业生产规模的扩大等多方面同时进行变革；针对联户经营和股份合作经营，主要是提高联户经营的纯技术效率，在管理的过程中注重管理形式的创新，提高管理水平，同时仍需继续加强林业规模经营，形成集约化、产业化林业经营，同时在全省鼓励农户参与联户及股份合作经营，以林入股，提高全省的林业经营效率，确保林业经营持续健康发展。

第7章　不同林业经营形式综合绩效评价

不同林业经营形式的的综合绩效是指不同林业经营形式对当地社会整体发展的贡献和效果。在整个林业经营过程中，经营的根本目标是实现经营主体经济利益的最大化，然而，这仅是林业经营的目标之一，林业经营还直接关系到集体林权制度改革成果的巩固，关系到整个森林生态系统及人类社会的可持续发展。因此，不同林业经营形式的综合绩效受到哪些因素的影响？三明市不同林业经营形式的综合绩效究竟如何？如何科学合理地对林业合作组织综合绩效进行评价？这些问题都值得深入研究。

林业经营不仅与生态环境密不可分，同时在林业经营活动过程中对社会成员所产生的（正、负）外部性是不可忽略的。因此，林业经营不仅是使林农收入增加的有效途径，同时也是改善生态环境以及促进农村社会经济快速发展的重要保障。本章在基于三明市主要林业经营形式现状及特征分析、不同林业经营形式的差异性分析、林农对于不同林业经营形式选择的影响因素分析、不同经营形式经营效率测量的基础上，构建不同林业经营形式的综合绩效评价指标体系，采用 AHP-模糊综合评价方法，对林业经营形式的综合绩效进行客观评价，重点考察不同林业经营形式是否实现经济效益的最大化、同时是否兼顾了生态和社会绩效。科学合理地综合评价不同林业经营形式的综合绩效，不仅有助于提高林业经营管理水平、促进集体林区林业资源的整体发展，还为集体林区深化集体林权制度改革，创新林业经营体系的构建，区域可持续发展政策的制定奠定了基础，具有重要的理论和现实意义。

7.1　不同林业经营形式综合绩效的内涵及意义

不同林业经营形式综合绩效的评价是对其内在经营管理能力和可持续发展能力的综合评价。评价林业经营的综合绩效，当然首先也需要弄清楚什么是绩效，绩效的内涵如何界定？在此基础上，还需要弄清楚生态绩效、经济绩效和社会绩效的内涵。唯有此，才能科学合理地构建不同林业经营形式的综合绩效评价体系，才能相对准确地评价不同林业经营形式的综合绩效。其中"绩效"，是指不同林业经营形式对当地社会发展的贡献和效果。

然而，目前学术界尚未对林业经营形式的综合绩效评价形成统一、确定的定义，缺乏对于林业经营形式综合绩效内涵的分析及相应的综合评价体系。但基于森林生态系统对于人类长期生存和发展的意义，本研究认为林业经营形式的综合绩效评价是基于可持续发展以及社会—经济—生态系统理论，从林业经营对生态环境保护、区域经济增长及社会发展等三方面所产生的作用及影响进行评价，即林业经营形式的综合绩效评价不仅要评价其经济绩效，还包括生态绩效及社会绩效两方面，是一个多目标复杂的综合评价体系，应当具有生态学的合理性、经济学的可行性和社会学的满意性等特点。

基于此，才有可能客观科学地找出具有长期发展潜力的林业经营形式，有利于整个生态系统健康和社会良好发展，为社会其他相关的潜在林业投资者进行林业投资决策、政府制定下一步林业发展政策及林业财政资金运用提供依据。

7.2　不同林业经营形式综合绩效评价指标体系的构建

不同林业经营形式的综合绩效评价指标体系复杂繁琐，因不同的经营形式各自的特征有所不同，在评价林业经营形式的综合绩效时必须充分考虑每一种经营形式的生态目标、经济目标和社会目标等多个方面，才能够做到准确评价其综合绩效（Jalilova，2012）。因此，基于可持续发展理论、社会—经济—生态耦合发展理论，通过构建合理的评价指标体系，运用综合评估方法对不同林业经营形式的绩效，包括生态绩效、经济绩效和社会绩效进行评估，构成一个完整的体系。具体包括：①评价主体：在本研究中评价的主体是相关专家及林农；②评价客体：指的是具体的评价对象，在本研究中评价客体是三明市主要的林业经营形式（单户经营、联户经营及股份合作经营）三种；③评价目标：指的是评价需要起到什么样的作用；在本研究中评价的目标主要是找出综合绩效最好的林业经营形式，有助于在未来林业发展过程中进行鼓励和大力扶持；④评价原则：评价过程必须严格依据评价原则，本研究具体的原则包括：系统性、科学性、可操作性及实用性；⑤指标：是指对评价客体哪些方面进行评价，评价指标的选择主要基于研究目标的制定，本研究包括 34 个具体指标涉及林业经营绩效的（生态、经济和社会绩效）三个方面；⑥标准：是指对评价客体进行分析评断的标准；在本研究中标准是针对具体指标设定的；⑦方法：是绩效评价的具体手段，本研究具体采用的是层次分析（AHP）和模糊综合评价；⑧结果：是评价系统的结论，本研究指的是三种林业经营形式的绩效水平。

7.2.1 评价指标体系框架及指标选择

目前，国内在林业经营方面的评价指标体系构建中，主要包括：林业可持续发展的评价指标体系、森林综合效益的评价指标体系以及各类林业合作组织绩效的评价指标体系。由于林业经营活动的复杂性决定了其产出的多样性，即林业经营形式综合绩效的评估指标也必然是繁琐和复杂的，研究中不可能将不同林业经营形式所有的产出和收益都逐一进行评估。因此基于相关研究成果，进一步征集林业经济管理、森林经理、资源经济管理的有关林业专家、林业主管部门等专家的意见，以及综合实地调研中对于不同林业经营形式具体的经营管理运行机制及其政策保障机制等相关特征等进行综合整理分析，针对不同林业经营形式经营的主要目的及不同产出收益的大小和重要程度判断，对具体的评估指标进行取舍，选择具有科学性、可操作性、实用性、可衡量的指标构成不同林业经营形式综合绩效评估的指标体系。指标体系的基本结构可分为生态、经济、社会三大子系统。每个子系统由一组指标构成，各指标之间相互独立，又相互联系，共同构成一个有机整体，最后构建了不同林业经营形式综合绩效评价指标体系。

7.2.1.1 评价指标体系的总体框架

鉴于林业经营形式的多元化属性，因此在选取具体的绩效评价指标时应使指标尽可能多地体现其多元化特点。具体而言，不仅要对林业经营的现状进行评价，也要充分考虑林业经营具有生长周期长的特点对其发展潜力进行评价，既要考虑客观标准，又要吸纳主观意见。以社会林业经济的相关专家和林业经营主体林农意见相结合进行评价，强调经济绩效的同时，注重林业经营的生态绩效和社会绩效（刘滨等，2009）。具体根据本研究的评价目的和评价对象（单户经营、联户经营、股份合作经营），以及所构建的模块层和准则层的目标，分别选取具有典型代表意义、能够客观真实反映单户经营、联户经营、股份合作经营在某一具体方面情况特征的多个指标构成指标层。

不同林业经营形式的综合绩效评价指标体系具体是由4个层次（目标层、主准则层、次准则层、指标层）、3个主准则（林业生态绩效、经济绩效、社会绩效）、8个次准则层、34个具体指标组成的不同林业经营形式的综合绩效评价指标体系，尽可能从本质上反映林业经营形式对生态、经济、社会的影响，并且其中有 9 个指标是客观指标，25 个指标是主观指标，具体情况如表 7-1 所示。

表 7-1 不同林业经营形式绩效综合评价指标

目标层	主准则层	次准则层	指标层	指标值解释
不同林业经营形式绩效综合评价	生态绩效	林地生产力状况	单位面积蓄积量	
			林木质量	1＝差；2＝一般；3＝好；
			造林成活率	单位面积上的成活株数÷造林时的总株数×100%
		资源安全状况	林地分散程度	1＝差；2＝一般；3＝好
			病虫害发生情况	1＝差；2＝一般；3＝好
			火灾发生次情况	1＝差；2＝一般；3＝好
			年盗砍伐发生情况	1＝差；2＝一般；3＝好
			景观效果	1＝差；2＝一般；3＝好
		生态质量状况	树种混交程度	1＝差；2＝一般；3＝好
			野生动物栖息适宜度	1＝差；2＝一般；3＝好
			水土保持程度	1＝差；2＝一般；3＝好
			环保意识	1＝差；2＝一般；3＝好
	经济绩效	经营投入状况	单位林地资金投入率	林地劳动力总投入量÷林地总面积
			单位林地劳动力投入率	林地资金总投入量÷林地总面积
			造林、抚育、采伐技术科学性	1＝差；2＝一般；3＝好
			规模经营状况	家庭林地面积÷规模经营面积
			经营综合效率	基于 DEA 效率测量值
		经营潜能	规模发展潜力	可扩大林地经营面积÷已经营林地面积
			林农对林业收入前景的预期	1＝差；2＝一般；3＝好
		经营环境	林权纠纷发生情况	1＝差；2＝一般；3＝好
			销售市场情况	1＝差；2＝一般；3＝好
			采伐额度获取	1＝差；2＝一般；3＝好
			林业税费对经营的影响	1＝差；2＝一般；3＝好
			抵御经营风险的能力	1＝差；2＝一般；3＝好
			政府优惠政策	1＝差；2＝一般；3＝好
	社会绩效	农户生活状态	林农基尼系数实现	0.3～0.4 收入相对合理
			恩格尔系数实现	40%～50% 为小康

（续）

目标层	主准则层	次准则层	指标层	指标值解释
不同林业经营形式绩效综合评价	社会绩效	农村社会发展条件及和谐状况	妇女参与	1＝差；2＝一般；3＝好
			薪炭材的使用和获取	1＝差；2＝一般；3＝好
			村庄、道路等基础设施	1＝差；2＝一般；3＝好
			林权稳定程度	1＝差；2＝一般；3＝好
			农户对林改政策的满意度	1＝差；2＝一般；3＝好
			集体经济发展	1＝差；2＝一般；3＝好
			林业的整体发展	1＝差；2＝一般；3＝好

7.2.1.2　生态绩效

在全球气候变暖、生态环境日益恶劣的情况下，林业经营的生态绩效从本质上说是满足全社会对森林日益增长的非物质需求，是人类社会生存发展的基础。林业经营活动的基础是林地，同时和其他自然资源也有着不可分割的直接联系。林业经营有不同的经营形式，但经营唯一目的都是追求经济效益的最大化。因此，生态绩效是不同经营形式在森林资源培育过程中由于林业的外部性所附加产生的。主要包括以下内容：防风固沙、水土保持、涵养水源、净化空气、碳储存、改善气候、生物多样性保护等方面。在本研究中选取的生态绩效指标主要包括以下几方面：

（1）林地生产力状况：是综合评价森林资源生产力的重要指标，它指的是林业用地或有林地的综合生产能力，包括林业用地利用率和有林地的生产力，其中，有林地生产力通常指的是在单位面积上林分立木蓄积量的高低水平。广义还包括经济林和竹木的生产力。因此，本研究在林地生产力状况指标中选取单位面积林分立木蓄积量、林木质量、造林成活率、林地分散程度来测量。蓄积是鉴定森林数量的主要指标，单位面积蓄积的大小标志着林地生产力的高低及经营措施的效果。同时它为森林的采伐利用提供了重要的数量依据。

（2）资源安全状况：林业生态资源安全指的是林业生态系统处于不受威胁的状态。自然和半自然森林生态系统的自身安全，以及森林生态系统与其他相关的生态系统的协调发展（黄青，2004）。因此，在林业生态安全指标中选取病虫害发生情况、火灾发生情况及盗砍伐发生情况来测量。

（3）林业生态环境状况：林业生态环境状况是指一定区域内林业生态系统是否处于良性循环状态，以及生态系统破坏和退化的程度。林业经营是一种以森林资源为对象的经济活动，森林资源是林业经营的基础，林业生态状况是衡量林业经营成效的根本标志。实质上包括二大类资源，即生物资源和非生物资源。包括其自身因子如水资源、土地资源、气候资源、生物资源、土壤条件等状况。同时，在林业经营活动中，林农作为经营主体与受益者，在一定程度上决定了林业经营的成败。村民对环境保护的意识也会影响林业生态环境。因此，在林业生态环境指标中选取景观效果，树种混交程度，野生动物栖息适宜度，水土保持程度，林农环保意识来测量。

7.2.1.3　经济绩效

通过林业经营获得多种林产品、增加经济收益是不同林业经营形式的根本目的，即实现追求经济绩效的最大化。主要包括林业经营投入状况、经营潜能及经营环境等内容。具体而言：

（1）经营要素投入状况：从本质上而言，林业生产经营活动的生产要素投入是林业经营收益的确定性因素。林业生产经营活动的要素投入主要包括林地、劳动力、经济和技术。因此，经营要素投入状况选取单位林地资金投入率、单位林地劳动力投入率、造林、抚育、采伐技术科学性、林地规模状况来测量。

（2）经营潜能：林业经营潜能主要是指林业经营在未来一定时期内经营的潜在能力，是从事林业经营的内生动力，对于林业经营的经济绩效有极其重要的作用。主要从林业经营的综合效率、规模发展潜力、林农对林业收入前景的预期来测量。

（3）经营环境：良好的经营环境是林业经营的重要保障，主要是指在林业经营过程中的自然、政策和市场环境，主要从林权纠纷发生情况、销售市场情况、采伐额度获取、林业税费对经营的影响、抵御经营风险的能力（自然风险、市场风险）、政府优惠政策来测量。

7.2.1.4　社会绩效

林业经营的社会绩效虽然不是林业经营所追求的直接目的，但却与生态绩效一样是林业经营追求经济绩效的必然附属产物。通常而言，在林业经营活动中其社会绩效，主要包括林业经营活动对社会劳动力的吸纳即提供就业机会、对于当地相关林业二、三产业的带动及生态旅游等。同时，最为重要的一点，林业经营在中国还肩负着消除贫困的社会目标。

（1）农户生活状态：农民生活水平是林业经营的社会绩效的重要组成部分。从根本上来说，林业经营的社会绩效是以农民生活水平和质量状况来衡量的。因此，农民生活改善的程度越高，收入水平越高，林业经营的社会绩效自然越高。本书主要选取林农基尼系数实现和恩格尔系数实现等相关指标衡量农民生活状态。

其中，基尼系数是国际上衡量收入分配均等程度的重要指标，一般判断标准为 0.3～0.4 相对合理。可持续发展和谐社会是惠及所有人的可持续，因此要防止收入差距过分扩大。关于基尼系数的计算方法，可以用收入分组数据计算，也可用分户数据计算。本书采用分户数据计算基尼系数，计算公式如下：

$$G = 1 - \sum_{i=1}^{n} P_i(2Q_i - W_i) \tag{7-1}$$

其中，n 表示农户个数；P_i 表示人口比重；W_i 表示收入比重；Q_i 表示从 1 到 i 的累积收入比重。

农村恩格尔系数实现指数：国际上一般用恩格尔系数来衡量一个区域内居民生活水平的高低，具体指一个家庭中，食品支出总额占个人消费支出总额的比重。通常而言，恩格尔系数随居民家庭收入和生活水平的提高而下降。据统计，福建省 2012 年的城镇恩格尔系数是 39.4%，农户恩格尔系数为 46%。

（2）农村社会发展条件及和谐状况：构建我国社会主义和谐社会的一个重要内容就是我国农村社会的和谐发展。影响农村社会和谐发展的主要因素有农村基础设施的发展、农村发展政策、农村经济的发展、农村经济社会发展程度等。本书主要选取以下指标：妇女参与、薪炭材的使用和获取、村庄、道路等基础设施、林权稳定程度、农户对林改政策的满意度、集体经济发展、林业的整体发展。

7.2.2 绩效指标体系评价的方法

绩效评价的评价方法，是指运用一定的评价方法、量化指标及评价标准，对评价对象的绩效目标实现程度所进行的综合性评价。科学评价的方法有很多，不下数百种，各自都有自己的操作模式或者数学模型。但总体来说，这些科学的评价方法如图 7-1 所示：

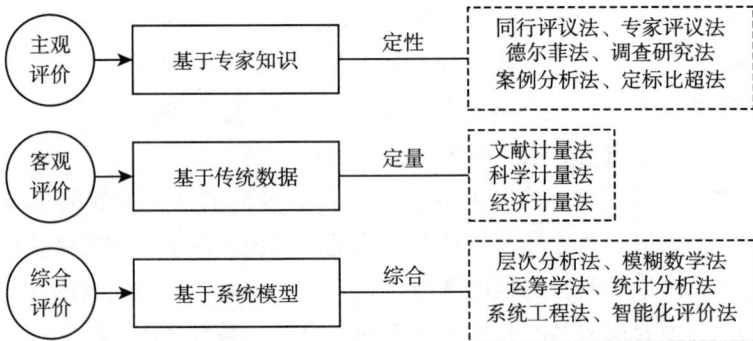

图 7-1　指标体系绩效评价方法

为了更加客观真实地评价不同林业经营形式的综合绩效，本章将集合层次分析法和模糊数学综合法对林业经营综合绩效各评价指标进行分析。其中，层次分析法和模糊数学综合法的优缺点及适用对象如表 7-2 所示。

表 7-2　林业经营综合绩效评价方法

方法名称	方法描述	优点	缺点	适用对象
层次分析法	针对一个多层次结构的系统，对其指标的相对量进行比较，在此基础上确定多个判断矩阵，根据矩阵的特征根得到相应的特征向量，从而形成指标的权重，综合得出总权重，从而进行相关的指标排序	可靠度比较高，误差小	评价对象的因素不能太多（一般不多于9个）	成本效益决策、资源分配次序、冲突分析等
模糊综合评价	引入隶属函数 $\mu_y: C \rightarrow [0, 1]$，实现把人类的直觉确定为具体系数（模糊综合评价矩阵）$R = [\mu_{ij}(x_{jh})]_{n \times m}$，其中，$\mu_{ij}(x_{jh})$ 表示指标 μ_{ij} 在论域上评价对象属性值的隶属度，并将约束条件量化表示，进行数学解答	解决了传统数学方法中"唯一解"的问题，可以通过不同可能性求解多层次问题，并且具备扩展性	隶属函数、模糊相关举证等的确定方法尚不成熟；无法处理因评价指标之间相关所造成的信息重复问题	决策中的专家系统、银行项目贷款对象识别等，拥有广阔的应用前景

7.3　不同林业经营形式绩效的综合评价

7.3.1　指标数据的采集与处理

7.3.1.1　指标数据的采集

根据数据采集途径不同，林业经营形式的综合绩效评价指标分为客观可量化及主观等级程度打分等两类指标。其中，主观指标即定性类指标是基于 60 位相关专家意见（保护森林经济、林业经营、资源及环境经济、林业政策、综合管理等领域）和 10 个县、23 个乡镇、60 次相关座谈及农户调研而得到的，更符合三明市的实际情况，更具实际意义。

7.3.1.2　数据无量纲化

模糊综合评价对数据输入的基本要求就是首先必须对数据进行无量纲化处理。这主要是由于不同的指标具有不同的计量单位，为了消除量纲的影响，必须对各指标的原始数据进行相应的无量纲处理。本书对选取的 34 个指标中大的 14 个指标，先分别计算被研究的三种经营形式的每项评价指标的均值和标准差，然后计算标准化值，将其原始数据转化为无量纲的标准值。标准化处理的公式为：

$$x'_{ij} = \frac{x_{ij} - \overline{x}_i}{\sigma_i} \qquad (7-2)$$

其中，x'_{ij} 为标准化指标值；x_{ij} 为实际指标值；$\overline{x}_i$ 为各指标的算术平均数；σ_i 为各项指标的标准差。

7.3.2 指标权重值的确定

7.3.2.1 构建各层次的两两比较判断矩阵

首先运用层次分析法，对各个层次内部的两两指标进行重要值评判，构造出判断矩阵，其结果用 1～9 比率标度法来表示，如表 7-3 所示。数值越大表明该行因素比该列因素越重要，1 为该行因素与该列因素同等重要，9 为该行因素比与该列因素绝对重要。

表 7-3 判断矩阵赋值

赋值	重要程度
1	表示 i，j 两因素同等重要
3	表示 i，j 两因素稍微重要
5	表示 i，j 两因素明显重要
7	表示 i，j 两因素强烈重要
9	表示 i，j 两因素极端重要
1/3	表示 i，j 两因素稍不重要
1/5	表示 i，j 两因素明显不重要
1/7	表示 i，j 两因素强烈不重要
1/9	表示 i，j 两因素极端不重要
2、4、6、8、1/2、1/4、1/6、1/8	上述判断的中值

7.3.2.2 计算被比较元素的相对权重

在获得了某一准则层下各个元素的两两比较矩阵之后，通过计算求出各元素在这一准则下的相对权重。首先，采用 Matlab 软件包来计算判断矩阵的最大特征值和特征向量，其中最大特征值表示为 λmax，所对应的特征向量表示为向量 $W = (w_1, w_2, \cdots, w_n)^T$，然后将向量 W 归一化处理，从而得到所求特征向量值，即为各因素权重。

7.3.2.3 判断矩阵的一致性指标和一致性检验

求出判断矩阵的最大特征值后，需要做一致性检验。在一致性检验时，需要使用一致性指标 C. I.（Consistent Index）和一致性比例。具体而言，一致性指标公式为 $C. I. = \frac{\lambda_{max} - n}{n - 1}$，在公式中：$n$ 为判断矩阵的阶数。一致性比例 $C. R. = C. I. / R. I.$，其中 $R. I.$ 为平均一致性指标，可以通过查表获得。当完全一致时，$C. I. = 0$，$C. I.$ 值越大，矩阵的一致性越差。当 $C. R. < 0.1$ 时，表示判断矩阵具有完全的一致性，相反则需要判断矩阵的元素取值进行调整。如果通过一致性检验，那么向量 w 中的排序权向量即为各指标相应的权重值，相反如果不能通过，需要对判断矩阵的值进行调整，重新计算，直至通过为止。对于 1—9 阶判断矩阵，$R. I.$ 的值分别列于表 7 - 4 中。

表 7 - 4　平均随机一致性指标

n	1	2	3	4	5	6	7	8	9
RI	0.00	0.00	0.58	0.90	1.12	1.24	1.32	1.41	1.45

当阶数大于 2 时，判断矩阵的一致性指标 $C. I.$ 与同阶平均随机一致性指标 $R. I.$ 之比成为随机一致性比率，记为 $C. R.$。当

$$C. R. = \frac{C. I.}{R. I.} < 0.1 \qquad (7 - 3)$$

即认为判断矩阵具有较好的一致性，否则就需要调整判断矩阵重新计算，直至通过一致性检验。

7.3.2.4　指标权重确定

专家分别对主准则层及次准则中的单一指标进行权重的打分，并且权重总和为 1 的方式，按照主观意愿分配单一指标的比重。

在指标层权重确定的时候采用 1～9 标度方法，让专家在两两比较准则层中对每一个指标的相对重要性进行赋值，在此基础上，计算出每个指标相应的权重，再用一致性检验来确定指标最终的权重。具体不同林业经营形式综合绩效的指标层指标的判断矩阵如表 7 - 5 所示。

表 7 - 5　$B_1 - C$ 判断矩阵

A	B_1	B_2	B_3
B_1	1	3	4
B_2	1/3	1	3
B_3	1/4	1	1

通过对判断矩阵进行标准化，如表 7 - 6 所示，得出：

表 7 - 6　$B_1 - C$ 判断矩阵标准化

A	B_1	B_2	B_3	W_i
B_1	1. 000 0	3. 000 0	4. 000 0	0. 614 4
B_2	0. 333 3	1. 000 0	3. 000 0	0. 268 4
B_3	0. 250 0	0. 333 3	1. 000 0	0. 117 2

$$\begin{bmatrix} 0.631\ 6 & 0.692\ 3 & 0.5 \\ 0.210\ 5 & 0.230\ 8 & 0.375 \\ 0.157\ 9 & 0.076\ 9 & 0.125 \end{bmatrix}$$

将判断矩阵的每一列向量归一化得：

$$\overline{w_{ij}} = \frac{b_{ij}}{\sum\limits_{j=1}^{n} b_{ij}} \ (i,\ j = 1,\ 2,\ 3,\ \cdots,\ n) \qquad (7-4)$$

按行求和得：

$$\overline{w_1} = \sum_{i=1}^{n} \overline{w_{ij}} = 0.631\ 6 + 0.692\ 3 + 0.5 = 1.823\ 9$$

$$\overline{w_2} = \sum_{i=2}^{n} \overline{w_{ij}} = 0.210\ 5 + 0.230\ 8 + 0.375 = 0.816\ 3$$

$$\overline{w_3} = \sum_{i=3}^{n} \overline{w_{ij}} = 0.157\ 9 + 0.076\ 9 + 0.125 = 0.359\ 8$$

将 $\overline{w}$ 归一化，得：

$$\overline{w} = (1.823\ 9,\ 0.816\ 3,\ 0.359\ 8)^T$$

$$w_i = \frac{\overline{w_i}}{\sum\limits_{j=1}^{n} \overline{w_{ij}}} \qquad (7-5)$$

$$w_1 = \frac{1.823\ 9}{3} = 0.608\ 0$$

$$w_2 = \frac{0.817\ 3}{3} = 0.272\ 1$$

$$w_3 = \frac{0.359\ 8}{3} = 0.119\ 9$$

得到特征向量，即为本层次元素排序的权重：

$$w = (0.608\ 0,\ 0.272\ 1,\ 0.119\ 9)^T$$

最大特征根 λ_{max} 为：

$$AW = \begin{bmatrix} 1 & 3 & 4 \\ 1/3 & 1 & 3 \\ 1/4 & 1/3 & 1 \end{bmatrix} \begin{bmatrix} 0.608\ 0 \\ 0.272\ 1 \\ 0.119\ 9 \end{bmatrix}$$

$$\lambda_{\max} = \sum_{i=1}^{n} \frac{(AW)_i}{nW_i} = 3.073\,5$$

一致性检验，得出：

$$C.I. = \frac{\lambda_{\max} - n}{n-1} = \frac{3.073\,5 - 3}{2} = 0.036\,8$$

当 $n = 3$ 时，$R.I. = 1.24$，$\lambda_{\max} = 3.073\,5$，$C.R. = 0.070\,7$

$$C.R. = \frac{C.I.}{R.I.} = \frac{0.036\,8}{0.58} = 0.063\,4$$

可知 $C.R. < 0.1$，认为判断矩阵具有满意的一致性，说明赋值有效，得到了不同林业经营形式的权重，如表 7-7 所示。

表 7-7　A-B 指标层权重表

不同林业经营形式	权重 W_B
生态绩效	0.608 0
经济绩效	0.272 1
社会绩效	0.119 9
$\lambda_{\max} = 3.073\,5$；$C.I. = 0.036\,8$；$C.R. = 0.063\,4 < 0.1$	

同理，可以得出所有指标的权重系数，如表 7-8 所示。

表 7-8　所有指标的权重系数

主准则层	次准则层	指标层	W_i
生态绩效 B_1（0.608 0）	林地生产力状况 C_1（0.100 7）	单位面积蓄积量 D_1	0.461 7
		林木质量 D_2	0.303 8
		造林成活率 D_3	0.101 3
		林地分散程度 D_4	0.133 3
	资源安全状况 C_2（0.225 5）	病虫害发生次数 D_5	0.364 3
		火灾发生次数 D_6	0.536 8
		年盗砍伐发生次数 D_7	0.098 9
		景观效果 D_8	0.050 4
	生态质量状况 C_3（0.673 8）	树种混交程度 D_9	0.242 3
		野生动物栖息适宜度 D_{10}	0.393 2
		水土保持程度 D_{11}	0.211
		林农环保意识 D_{12}	0.103

（续）

主准则层	次准则层	指标层	W_i
经济绩效 B_2（0.272 1）	经营投入状况 C_4（0.581 6）	单位林地资金投入率 D_{13}	0.242 3
		单位林地劳动力投入率 D_{14}	0.236
		造林、抚育、采伐技术科学性 D_{15}	0.082 3
		规模经营状况 D_{16}	0.439 3
	经营潜能 C_5（0.109 5）	经营综合效率 D_{17}	0.730 6
		规模发展潜力 D_{18}	0.188 4
		林农对林业收入前景的预期 D_{19}	0.081
	经营环境 C_6（0.309 0）	林权纠纷发生情况 D_{20}	0.039 3
		销售市场情况 D_{21}	0.178 1
		采伐额度获取 D_{22}	0.098
		林业税费对经营的影响 D_{23}	0.094 4
		抵御经营风险的能力（自然风险、市场风险）D_{24}	0.224 4
		政府优惠政策 D_{25}	0.365 7
社会绩效 B_3（0.119 9）	农户收入差距及生活状态 C_7（0.5）	林农基尼系数实现 D_{26}	0.25
		恩格尔系数实现 D_{27}	0.75
	农村社会发展条件及和谐状况 C_8（0.5）	妇女参与 D_{28}	0.045
		薪炭材的使用和获取 D_{29}	0.059
		村庄、道路等基础设施 D_{30}	0.178 4
		林权稳定程度 D_{31}	0.143 9
		农户对林改政策的满意度 D_{32}	0.189 1
		集体经济发展 D_{33}	0.195 2
		林业的整体发展 D_{34}	0.189 1

7.3.3 模糊综合评价

7.3.3.1 评价等级的划分

有诸多方面的指标无法用实际的数据来做定量界定，需要做主观定性的分析，需要利用模糊数学中一级综合评判模型（彭念一等，2003）。

（1）因素集 U。U 代表模糊评价中各评价因素组成的集合。$U = \{u_1, u_2, \cdots, u_m\}$，$u_1$ 为生态绩效，u_2 为经济绩效，u_3 为社会绩效；$U_1 = \{u_{11}, u_{12}, u_{13}\}$ 中 u_{11} 为林地生产力状况，u_{12} 为资源安全状况，u_{13} 为生态质量状况；$U_2 = \{u_{21},$

u_{22}，u_{23}}中，u_{21}为经营投入状况，u_{22}为经营潜能状况，u_{23}为经营环境状况；$U_3=\{u_{31}$，$u_{32}\}$中，u_{31}为农户收入差距及生活状态，u_{32}为农村社会发展条件及和谐状况。

（2）评语集V。V代表模糊评判中各评语所组成的集合。$V=\{v_1$，v_2，…，$v_n\}$，结合本研究的指标特性和实际调研过程中相关专家及林业管理者意见将评价结果划分确定为3个等级，为$V=\{$差，一般，好$\}$。

（3）关系矩阵R。R即在因素集中具体的单因素对于评语集中元素的隶属度。

$$R=\begin{bmatrix} r_{i_1} & \cdots & r_{im} \\ \vdots & \ddots & \vdots \\ r_{n_1} & \cdots & r_{nm} \end{bmatrix} \qquad (7-6)$$

其中，r_{nm}表示u_i的评价对等级v_j的隶属度，矩阵R中第i行$r_i=(r_{i1}$，r_{i2}，…，$r_{im})$即为对第i个评价指标u_i的单因素评价结果。

（4）构造隶属函数。是对因素模糊程度的反映，表现评价因素对模糊集合隶属关系的不确定性的大小。目前，在理论界尚未形成构建隶属函数的普遍适用方法，但从本质上讲，它的建立是客观的，一般是使用近似推理的方法确定或通过模糊统计试验或是实际经验总结的典型函数方法。本书所采用的隶属度函数包括三种：降半梯形、升半梯形及梯形分布，如图7-2所示。

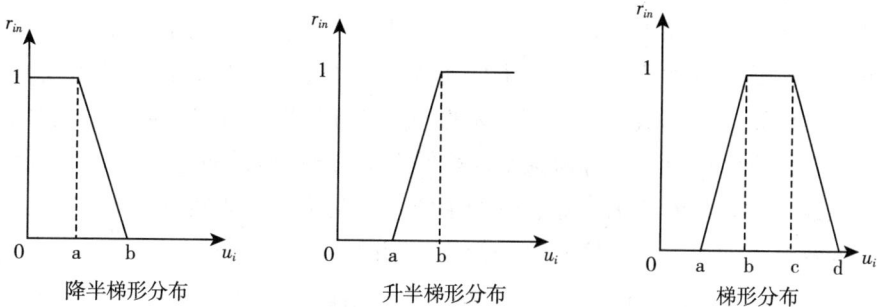

图7-2　梯形分布图

其中，

$$\mu_A(x) = \begin{cases} 1, & x<a \\ \dfrac{b-x}{b-a}, & a \leqslant x \leqslant b \\ 0, & x>b \end{cases} \qquad (7-7)$$

$$\mu_A\ (x) = \begin{cases} 0,\ x < a \\ \dfrac{x-a}{b-a},\ a \leqslant x \leqslant b \\ 1,\ x > b \end{cases} \qquad (7-8)$$

$$\mu_A\ (x) = \begin{cases} 0,\ x < a,\ x > d \\ \dfrac{x-a}{b-a},\ a \leqslant x < b \\ \dfrac{d-x}{d-c},\ c \leqslant x < d \\ 1,\ b \leqslant x \leqslant c \end{cases} \qquad (7-9)$$

（5）因素权向 A。A 即权重向量，所反映的是评价因素在被评对象中的相对重要程度。

（6）评判结果向量 B。也就是我们进行评价后得到的最终模糊子集，$B = A \cdot R$。

7.3.4　评价指标的分级标准

对于定量指标，需要将定量数值转化为模糊分布，统一为定性指标的分布标准，进而便于与定性指标一起进行综合分析。在计算了权重后，结合单因素评价矩阵，进一步进行多层次模糊综合评价。

在实际调研中我们发现，由于林业经营的特殊性及复杂性，目前林业经营形式的综合绩效研究中，缺乏相关指标等级划分标准，因此在本研究中，对单位面积蓄积量、造林成活率、单位林地资金投入量、单位林地劳动力投入量、规模经营面积、经营效率等定量指标的等级划分是指标等级的划分，是基于专家意见及管理者问题、实际座谈及农户问卷综合整理而得的，如表 7-9 所示。在林业经营中，林农作为林业经营的主体，长期从事林业经营活动对于林业生长情况较专家而言，更加客观，符合实际情况。

表 7-9　指标的分级标准

	等级		
	V1	V2	V3
单位面积蓄积量立方米（亩）	<8	8~12	>12
造林成活率（%）	<80	80~90	>90
单位林地资金投入（元）	<480	480~600	>600
单位林地劳动力投入（工日）	<30	30~60	>60
规模经营面积（亩）	<50	50~100	>100

（续）

	等级		
	V1	V2	V3
经营效率	<0.3	0.3~0.6	>0.6
林农基尼系数	<0.3	0.3~0.4	>0.4
恩格尔系数	<0.4	0.4~0.5	>0.5

数据来源：根据调研中的数据整理。

　　林农基尼系数根据联合国有关组织规定而得，具体讲，若低于 0.2 表示收入绝对平均；0.2~0.3 表示比较平均；0.3~0.4 表示相对合理；0.4~0.5 表示收入差距较大；0.6 以上表示收入差距悬殊。恩格尔系数本书根据联合国粮食及农业组织（FAO）对居民生活水平和质量高低所确定的恩格尔系数标准：0.6 以上为贫穷，0.5~0.6 为温饱，0.4~0.5 为小康，0.3~0.4 为富裕，0.3 以下为最富裕。实现全面小康社会农村居民的生活水平只是比较富裕，因此本研究将此指标的标准确定为富裕的下限值，即 0.4 以下。

7.3.5　各指标值的计算

7.3.5.1　数据说明及分析

　　由于林业经营综合绩效的指标有部分属于定性的指标，所以通过对三明市不同林业经营主体对于林业经营绩效进行打分，由此来测定不同林业经营形式对于生态、经济、社会目标的实现，更具有客观真实性。

　　通过整理调查问卷，对调查农户的评价进行汇总分析，最终得到三明市林业经营形式综合绩效模糊评价中的每一项指标的评价（表 7-10）。其中，定量指标通过隶属度函数得到，而定性指标根据实际林农打分获得。

表 7-10　评价指标值的计算结果

指标层	单户			联户			股份		
	V1	V2	V3	V1	V2	V3	V1	V2	V3
单位面积蓄积量 D_1	0.36	0.54	0.10	0.19	0.63	0.18	0.15	0.49	0.36
林木质量 D_2	0.21	0.38	0.42	0.12	0.33	0.55	0.40	0.20	0.40
造林成活率 D_3	0.12	0.52	0.37	0.10	0.63	0.27	0.08	0.38	0.55
林地分散程度 D_4	0.46	0.06	0.48	0.04	0.83	0.13	0.49	0.13	0.38
病虫害发生次数 D_5	0.51	0.14	0.35	0.09	0.70	0.21	0.39	0.18	0.43

（续）

指标层	单户			联户			股份合作		
	V1	V2	V3	V1	V2	V3	V1	V2	V3
火灾发生次数 D_6	0.27	0.19	0.54	0.17	0.30	0.53	0.24	0.17	0.59
年盗砍伐发生次数 D_7	0.10	0.25	0.65	0.19	0.29	0.52	0.07	0.18	0.76
景观效果 D_8	0.44	0.11	0.45	0.09	0.75	0.16	0.43	0.16	0.41
树种混交程度 D_9	0.58	0.08	0.34	0.08	0.73	0.20	0.35	0.20	0.45
野生动物栖息适宜度 D_{10}	0.64	0.11	0.25	0.08	0.71	0.22	0.28	0.19	0.53
水土保持程度 D_{11}	0.59	0.11	0.30	0.08	0.77	0.16	0.32	0.16	0.53
林农环保意识 D_{12}	0.11	0.19	0.70	0.12	0.26	0.63	0.10	0.24	0.66
单位林地资金投入率 D_{13}	0.19	0.49	0.32	0.15	0.45	0.40	0.13	0.35	0.52
单位林地劳动力投入率 D_{14}	0.25	0.44	0.31	0.37	0.43	0.20	0.50	0.19	0.31
造林、抚育、采伐技术科学性 D_{15}	0.55	0.12	0.33	0.10	0.70	0.20	0.34	0.21	0.45
规模经营状况 D_{16}	0.54	0.28	0.18	0.05	0.30	0.65	0.00	0.10	0.90
经营综合效率 D_{17}	0.74	0.18	0.08	0.09	0.35	0.56	0.44	0.37	0.19
规模发展潜力 D_{18}	0.45	0.27	0.28	0.23	0.53	0.23	0.35	0.33	0.32
林农对林业收入前景的预期 D_{19}	0.14	0.22	0.64	0.26	0.35	0.39	0.21	0.21	0.58
林权纠纷发生情况 D_{20}	0.48	0.08	0.43	0.18	0.68	0.14	0.33	0.29	0.38
销售市场情况 D_{21}	0.68	0.13	0.20	0.06	0.73	0.21	0.23	0.19	0.58
采伐额度获取 D_{22}	0.66	0.14	0.20	0.08	0.74	0.18	0.24	0.15	0.61
林业税费对经营的影响 D_{23}	0.59	0.13	0.28	0.10	0.73	0.18	0.15	0.28	0.57
抵御经营风险的能力 D_{24}	0.72	0.08	0.21	0.04	0.79	0.17	0.25	0.13	0.62
政府优惠政策 D_{25}	0.73	0.07	0.20	0.03	0.79	0.18	0.23	0.15	0.62
林农基尼系数实现 D_{26}	0.19	0.27	0.54	0.17	0.38	0.45	0.45	0.28	0.27
恩格尔系数实现 D_{27}	0.13	0.41	0.47	0.20	0.47	0.33	0.23	0.53	0.25
妇女参与 D_{28}	0.45	0.13	0.42	0.18	0.66	0.16	0.35	0.23	0.42
薪炭材的使用和获取 D_{29}	0.32	0.07	0.62	0.13	0.78	0.09	0.57	0.15	0.28
村庄、道路等基础设施 D_{30}	0.62	0.11	0.28	0.08	0.79	0.13	0.30	0.16	0.54
林权稳定程度 D_{31}	0.18	0.04	0.78	0.13	0.83	0.04	0.68	0.14	0.18
农户对林改政策的满意度 D_{32}	0.17	0.20	0.63	0.32	0.54	0.14	0.61	0.28	0.11
集体经济发展 D_{33}	0.67	0.14	0.19	0.14	0.64	0.22	0.18	0.23	0.59
林业的整体发展 D_{34}	0.63	0.13	0.26	0.16	0.67	0.19	0.23	0.23	0.57

7.3.5.2　评价结果

以单户经营为例，将各指标进行归一处理后：

$$C_1=(0.46，0.3，0.1，0.13)\begin{bmatrix}0.36 & 0.54 & 0.1\\0.21 & 0.38 & 0.42\\0.12 & 0.52 & 0.37\\0.46 & 0.06 & 0.48\end{bmatrix}=(0.30，0.42，0.27)$$

同理也可以得出 C_2—C_8 维度的评价矩阵，然后求出 B_1 的评价向量：

$$B_1=(0.1，0.22，0.67)\begin{bmatrix}0.3 & 0.42 & 0.27\\0.34 & 0.18 & 0.48\\0.55 & 0.11 & 0.34\end{bmatrix}=(0.48，0.16，0.36)$$

同理也可以得出 B_2 和 B_3 的评价矩阵：

$$B_2=(0.51，0.26，0.23)$$
$$B_3=(0.3，0.25，0.45)$$

然后用同样的方法求解出目标层 A 的模糊综合评价：

$$A\ 单户=(0.61，0.27，0.12)\begin{bmatrix}0.48 & 0.16 & 0.36\\0.51 & 0.26 & 0.23\\0.3 & 0.25 & 0.45\end{bmatrix}=(0.46，0.2，0.34)$$

并对联户、股份合作经营分别计算求出各自的评价结果矩阵：

得到：A 联户＝(0.12，0.58，0.3)，A 股份合作＝(0.28，0.2，0.52)。

由于本次指标体系构建有众多指标，涉及的权重判断矩阵表也众多，由于篇幅的限制，联户经营及股份合作经营的综合绩效评价的相关要素层的权重计算过程与上面所得权重计算过程相一致，因此在此处不再做判断矩阵描述统计的赘述。

根据计算结果显示三种不同的林业经营形式中，基于农户的视角：单户经营的综合绩效属于差级别的比例有 46%，一般的比例有 20%，良好的比例有 34%；联户经营的综合绩效属于差级别的比例有 12%，一般的比例有 58%，良好的比例有 30%；股份合作经营的综合绩效属于差级别的比例有 28%，一般的比例有 20%，良好的比例有 52%；将以上实证结果更为直观地以雷达图形体现。综合而言，通过对单户、联户和股份经营三种经营形式的综合绩效进行比较研究发现，综合绩效良好的比例中股份合作经营最高，绩效一般的比例中联户合作经营最高，绩效较差的比例中单户经营最高，如图 7-3 所示。

进一步，林业经营的根本目标是不断提高其综合绩效，在评价结果中股份经营在林地生产力、资源安全、生态环境质量、经营要素投入、经营环境中的

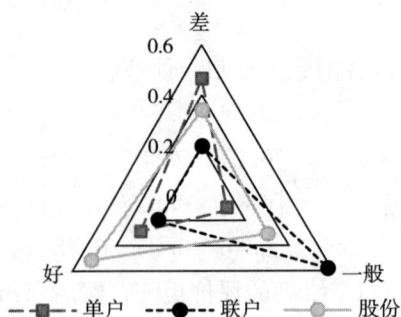

图 7-3 不同经营形式的综合绩效

绩效良好比例都高于联户经营和单户经营；在经营潜能的绩效良好中联户最高，而在农户生活状况和农村社会发展条件及和谐状况的绩效良好中，单户和股份合作经营比例略高于联户经营，具体如图 7-4 所示。

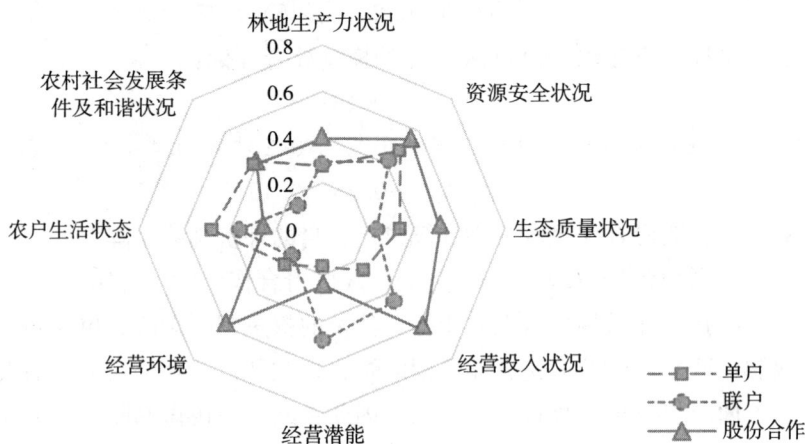

图 7-4 不同经营形式的各类绩效

具体而言，生态绩效状况：

在生态绩效状况中，农户认为在单户经营有 36％属于生态绩效良好，16％属于生态绩效一般，48％属于生态绩效差；农户认为在联户经营中，有 42％属于生态绩效良好，32％属于生态绩效一般，26％属于生态绩效差；农户认为在股份经营中，有 48％属于生态绩效良好，18％属于生态绩效一般，36％属于生态绩效差。

在经济绩效状况中：农户认为在单户经营有 23％属于经济绩效良好，26％属于经济绩效一般，51％属于经济绩效差；农户认为在联户经营中，有 57％属于经济绩效良好，26％属于经济绩效一般，17％属于经济绩效差；农户认为在股份合作经营中，有 48％属于经济绩效良好，31％属于经济绩效一般，21％属于经济绩效差。

在社会绩效状况中：农户认为在单户经营有 45％属于社会绩效良好，25％属于社会绩效一般，30％属于社会绩效差；农户认为在联户经营中，有 52％属于社会绩效良好，26％属于社会绩效一般，22％属于社会绩效差；农户认为在股份合作经营中，有 63％属于社会绩效良好，21％属于社会绩效一般，16％属于社会绩效差。

7.4　本章小结

本章在研究不同林业经营形式综合绩效评价方法的基础上，构建了不同经营形式综合绩效综合评价指标体系，采用专家打分与定量数据结合的方式，综合采用层次分析法与模糊综合评价法对不同林业经营形式的综合绩效进行综合系统的评价。

从综合得分来看，综合绩效良好的比例中股份合作经营最高，绩效一般的比例中联户经营最高，绩效较差的比例中单户经营最高。单户经营未来的发展中，在林地生产力、经营投入状况、经营潜能、经营环境方面的能力还有很大的提升空间；在联户经营未来的发展中，在林地生产力、农村社会发展条件及和谐状况、生态质量状况、经营环境的绩效方面可以提高；在股份合作经营的发展中，经营潜能和农户生活状态的绩效方面还有待提高。

第8章 不同林业经营形式农户对林改现行政策问题的认知分析

基于前几章的实证分析，在三明市目前主要的林业经营形式中，单户经营是最基础的林业经营组织形式，而联户经营、股份经营等集体合作经营形式是今后林业经营组织形式发展创新的趋势，这二者之间的发展趋势是一个必然的过程。

集体林权制度改革实际上就是对生产关系的调整，由于林业的特殊性，涉及农民的利益问题、森林资源的安全问题，利益调整变成了革命性的改革，对于林改的不同看法之一是将林改已取得的成果打破重来，但从遵照历史的角度来看，流转、承包、自留山以及"谁造谁有"等都不可能重新打乱重新分配。从自然科学的角度来看林业的发展应规模经营，林改后导致产权分散，造成林地规模偏小，导致林业效益低下，然而，林权制度改革的目的就在于调动人的积极性，随着集体林权制度改革的逐步推进，各项配套改革政策也得到了各级政府的深入推广和实施。从不同经营形式的视角，了解农户对林改及其配套改革政策的认知及需求，一方面有助于了解现行的林改政策在不同经营形式实现过程中存在的问题，同时更有助于未来有针对性的完善林改政策。

因此，在了解不同林业经营形式的差异性、农户对不同林业经营形式的选择因素、不同经营形式的经营效率及综合绩效分析之后，有必要分析不同林业经营形式的农户对集体林权制度现行政策的认知和态度，这是不同林业经营形式差异性的一个重要视角。本章采用一般描述统计的方法，分析了不同林业经营形式的农户对集体林权制度改革的满意度、农户对林权流转、抵押贷款、森林保险、林业合作组织及采伐限额等林改配套政策的认知和理解，以期为林改后续的深化改革配套政策的制定及创新多元化林业经营体系提供可借鉴的参考意见。

8.1 不同林业经营形式农户对林改主体内容的认知

农户对集体林权制度改革的认知主要包括林改的主要内容、林改方式、分林到户的林地有没有林权证、是否清楚家庭所有林地的区位和边界、林改前后是否发生过林地权属的纠纷等方面。根据实地调研发现，不同经营形式的农户的认知存在一定的差异。

对于林改以后分林到户的林地有没有林权证的问题，在单户经营的农户中，71.54%的农户表示自己拥有林权证；联户经营中69.86%的农户拥有林权证；股份合作经营中55.56%的农户拥有林权证。由此可以看出，单户经营的农户拥有林权证的比例最高。这可能是由于联户和股份合作经营这两种形式都存在多人共持一证的现象，虽然农户自己手中没有林权证，但实际上产权也是明晰的，符合林权制度改革确权发证的目标。

对于现有集体林权制度改革的满意程度如图8-1所示，在单户经营中，5.79%的农户非常满意，14.05%的农户满意，31.4%的农户比较满意，36.78%的农户不太满意，11.98%的农户不满意；在联户经营中，4.83%的农户非常满意，14.48%的农户满意，40%的农户比较满意，25.52%的农户不太满意，15.17%的农户不满意；在股份合作经营中，3.85%的农户非常满意，15.38%的农户满意，30.56%的农户比较满意，38.67%的农户不太满意，11.54%的农户不满意。比较而言，在满意的农户中联户经营＞单户经营＞股份合作经营。

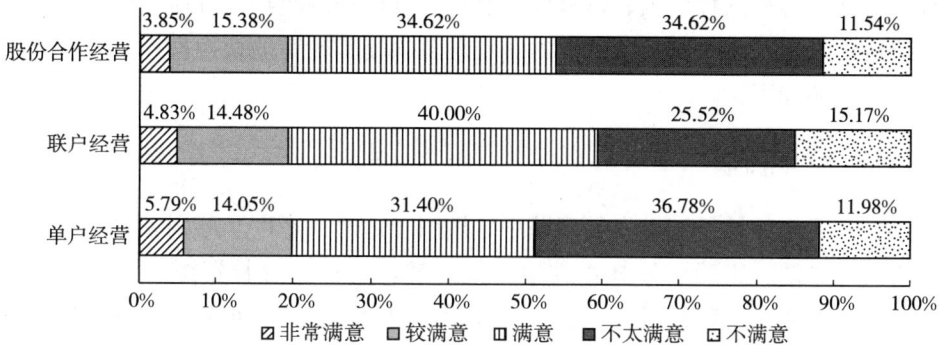

图8-1　不同经营形式农户对林改政策的满意程度

对于家庭所有林地的区位和边界（四至）的认知如图8-2所示，在单户经营中，85.77%的农户表示都很清楚，8.54%的农户表示很清楚区位但无法区分边界，5.69%的农户表示都不清楚；在联户经营中，80.14%的农户表示都很清楚，10.27%的农户表示很清楚区位但无法区分边界，9.59%的农户表示自己对于林地的边界都不清楚；在股份合作经营中，69.23%的农户表示都很清楚，15.38%的农户很清楚区位但无法区分边界，15.38%的农户表示都不清楚。比较而言，单户经营的农户对家庭所有林地的区位和边界的清楚程度高于联户经营和股份合作经营的农户。

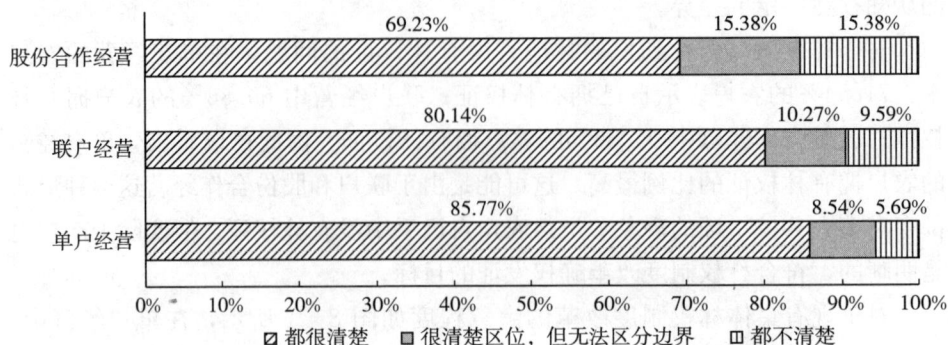

图 8-2　不同经营形式农户对家庭所有林地区位和边界的认知

8.2　不同林业经营形式农户对林改配套政策的认知

在完成主体改革任务的基础上，只有全面深化配套改革，进一步建立和完善相关的后续支持制度建设，才能进一步巩固林改的成效。林改配套政策包括林地流转、林权抵押贷款、森林保险及林业合作经济组织等方面，从实地农户调研的结果来看，不同经营形式的林农对各项配套政策的认知也存在着一定的差异，具体如下：

8.2.1　林地流转

在三明市的林地流转发展问题中，按照"适时、适度"原则和限期、限量和现货的办法，正确引导林木林地产权流转，既盘活森林资源、搞活产权市场，又注意防止"暗箱操作"和过度炒作，频繁流转，防止乱砍滥伐，避免林农失山失地，确保广大林区群众有林可种、持续增收，维护林区安定稳定。但仍存在流转不规范、不按条例流转、流转存在随意性等问题。

当地林农的认知带有一定的矛盾性，即一方面认为林地是自己仅次于宅基地与耕地的高价值财产，不愿轻易参与流转；另一方面又认为林地的经济价值低下，不愿进行投资与经营，甚至出现不愿交林权证的成本费而不领林权证的个例。

8.2.1.1　缺乏科学有效的森林资源评估

在实际调研中，我们发现三明市的森林资源市场尚未建立，林农对森林资源市场的认知尚属空白。无论是单户经营还是联户经营及股份合作经营农户对于自身所用的林地经济价值均不能准确评估，导致在林地流转及林权抵押贷款的过程中，林地的评估价值远远低于其实际价值。同时，大部分农户表示缺乏相关的森林资源评估机构，即使部分农户表示有评估机构的存在，但在评估过程中对于林地的立地条件及林木的生长状况等基本情况具体调查的科学性和合理性均较低。因此，一方面，导致农户在林木流转过程中，由于缺乏市场依据作为参照，相似条件的林地和林木的流转价格相差悬殊。另一方面，由于林地流转的主观意愿较强，流转价格没有考虑林地市场未来的升值潜力，为林地流转的矛盾纠纷留下了隐患。

8.2.1.2　缺乏信息安全、交易成本高

信息不对称和不完全、流转的交易成本高是目前三明市林地流转最主要的障碍。这些诸多阻碍造成了目前三明市林地流转量比较小，且小面积的流转都是以非规范流转为主，目前尚未形成大规模的规范流转。因此，非规范流转就会导致在林地流转的过程中，林地的所有者由于受短期经济利益的诱导，往往会以低价将林地转出，事后由于认识到林地的林木的价值，因后悔自己的转出行为而毁约，造成了林地纠纷事件。

8.2.1.3　农户对林地流转相关问题的认知

在单户经营农户中，65.45％的农户表示知道林权流转，13.41％的农户进行了林地流转行为，10.97％的农户进行了林地流入，2.44％的农户进行了林地流出；在联户经营农户中，64.38％的农户表示知道林权流转，11.64％的农户进行了林地流转行为，其中10.27％的农户进行了林地流入，1.37％的农户进行了林地流出。在股份合作经营农户中，76.93％的农户表示知道林权流转。林农户对于林地的态度普遍保守，不想将自家或手中的林地流转出去。

农户对于国家现行林地流转政策的满意度如图8-3所示，在单户经营中，34.69％的农户表示满意，59.86％的农户表示一般，5.44％的农户表示不满意；在联户经营中，37.36％的农户表示满意，60.44％的农户表示一般，2.2％的农户表示不满意；在股份合作经营中，43.75％的农户表示满意，43.75％的农户表示一般，12.5％的农户表示不满意。这一结果说明，单户经营的林农由于其林地面积和经营规模比较小，加上以个人为单位进行流转的程序繁琐，他们对于流转政策的满意度最低。而股份合作经营这种形式往往有能人带头对林地进行经营管理，因此在流转的程序上其他成员无须费心，他们对于流转政策的满意度最高。

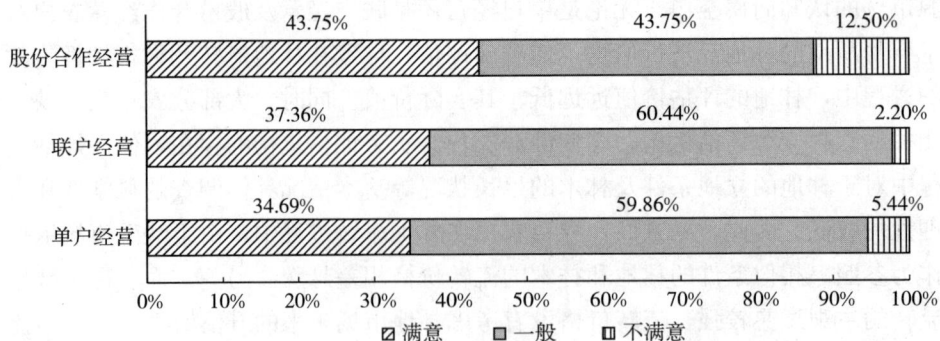

图 8-3 不同经营形式的农户对于林地流转的满意度

目前林地流转存在的问题如图 8-4 所示，在单户经营中，66.67％的农户表示不了解林地流转政策，5.88％的农户表示缺乏流转市场，7.19％的农户表示缺乏评估服务机构，4.58％的农户表示要素市场流转成本高，3.92％的农户表示流转手续复杂，6.54％的农户表示流转中介太少，5.23％的农户表示是由于其他原因；在联户经营中，64.44％的农户表示不了解林地流转政策，10％的农户表示缺乏流转市场，7.78％的农户表示缺乏评估服务机构，5.56％的农户表示要素市场流转成本高，3.33％的农户表示流转手续复杂，3.33％的农户表示流转中介太少，5.56％的农户表示是由于其他原因；在股份合作经营中，62.5％的农户表示不了解林地流转政策，6.25％的农户表示缺乏流转市场，6.25％的农户表示缺乏评估服务机构，18.75％的农户表示流转中介太少，6.25％的农户表示是由于其他原因。

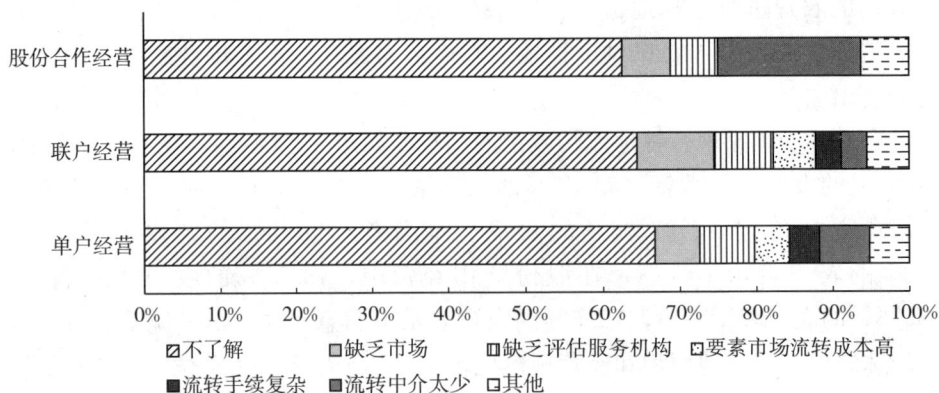

图 8-4 不同经营形式农户对林地流转存在问题的认知

对于未来完善林权流转政策的建议如图 8-5 所示，在单户经营中，

37.65％的农户希望加大信息提供，10％的农户希望建立完善的交易市场，12.35％的农户希望提供林地林木价值评估服务，12.94％的农户希望降低流转成本，18.24％的农户希望简化流转手续，4.71％的农户希望增加流转中介数量，4.12％的农户希望提供其他服务；在联户经营中，45.45％的农户希望加大信息提供，12.12％的农户希望建立完善的交易市场，14.14％的农户希望提供林地林木价值评估服务，7.07％的农户希望降低流转成本，12.12％的农户希望简化流转手续，7.07％的农户希望增加流转中介数量，2.02％的农户希望提供其他服务；在股份合作经营中，33.33％的农户希望加大信息提供，16.67％的农户希望建立完善的交易市场，12.50％的农户希望提供林地林木价值评估服务，4.17％的农户希望降低流转成本，8.33％的农户希望简化流转手续，16.67％的农户希望增加流转中介数量，8.33％的农户希望提供其他服务。

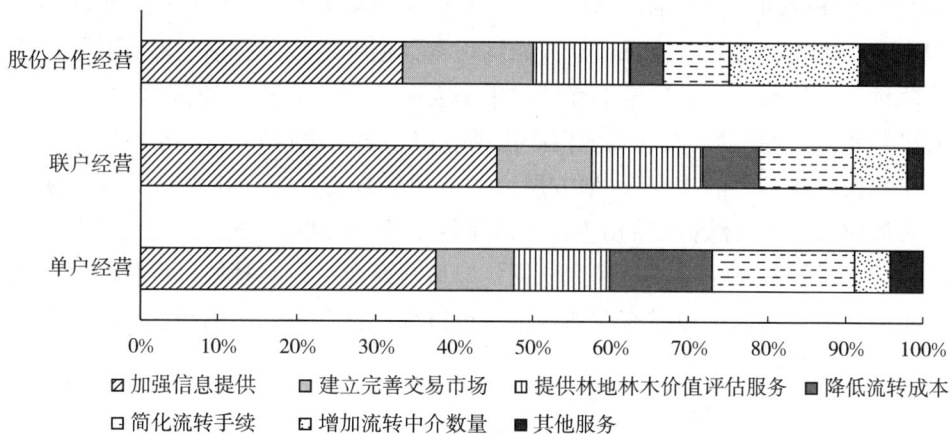

图 8-5　不同经营形式农户对完善林地流转建议的认知

8.2.2　林权抵押贷款

林改后，三明市积极探索林权抵押贷款各种实现形式，进一步简化林权抵押贷款程序，放低门槛，大力推行林权直接抵押贷款。这一简单便捷方式，重点解决小额信贷和林农个体贷款问题，让林业生产经营中小散户和农村弱势群体真正受益，使之真正成为有力促进经济发展、有效防范金融风险和普遍惠及林农的好事、实事。但是在投资主体、相关法律法规和农户自身等几方面存在一定问题。

8.2.2.1　投资主体单一，以政府为主

林权制度改革以后，三明市林业投融资的主体没有发生太大变化。目前的

投融资主体仍然以中央、福建省和三明市各级政府、国有的林业企业为主。尽管林权制度改革以后林业投资主体越来越朝着多元化的投资主体方向发展，但从投融资的总体结构来看，仍然比较单一。目前三明市林业投融资仍然是以政府和林业企业为主。非公有制资金（例如引进外资、自筹资金等）对林业产业发展投入的资金量少、规模小，这部分资金投入还未显现出效益。

非公有制资金对林业投融资的贡献作用不明显，其主要原因是由于林地的分散造成了森林资源经营主体的分散、林地经营规模很小。而在我国小农经济的大背景下，农民意识观念落后、诚信度比较低，因此难以建立完善的金融市场。

8.2.2.2 产权法律不完善，抵押贷款约束机制尚未形成

森林资源产权是进行林权抵押贷款的重要基础，而与产权相关的法律法规和制度的建立和完善是推进林权抵押贷款落实的重要保证。实地调研中我们发现，三明市在林权制度改革以后开始推行林权抵押贷款，目前已经有一定的法律法规作为依据（例如国家层面的《中华人民共和国农村土地承包法》《中华人民共和国担保法》《森林资源资产抵押登记办法（试行）》《中共中央 国务院关于加快林业发展的决定》；地方层面的法律法规有：三明市的《关于加快林业发展建设绿色海峡西岸的决定》《森林资源资产抵押贷款指导意见》等），但整体而言，虽然有法律法规作为依据，但目前商业银行对林权抵押贷款的积极性不高，相关法律中也没有对商业银行进行林权抵押贷款作出相应规定，因此操作层面仍然存在诸多问题。

8.2.2.3 农户对林权抵押贷款问题的认知

在单户经营中 36.18％的农户有借贷行为，有 54.13％的农户听说过林权抵押贷款；在联户经营中有 38.36％的农户有借贷行为，有 54.55％的农户听说过林权抵押贷款；在股份合作经营中有 42.31％的农户有借贷行为，有 65.39％的农户听说过林权抵押贷款。

林权抵押贷款资金一般用于直接从事林业生产、造林、育林生产费用，购买修理林业机具等；从事与林业发展相关的生产、经营，林产品开发、生产、加工、林产品经营、流通；农业生产资金需求。在实际调研中，针对林权抵押贷款的用途情况如图 8-6 所示，在单户经营中，17.02％的农户表示贷款用来购买农业生产资料，46.81％的农户用来从事林业经营，23.40％的农户用来从事个体经营；联户经营中，20.51％的农户表示贷款用来购买农业生产资料，61.54％的农户用来从事林业经营，23.40％的农户用来从事个体经营；股份合作经营中，12.5％的农户表示贷款用来购买农业生产资料，50％的农户用来从

事林业经营，37.5％的农户用来从事个体经营。

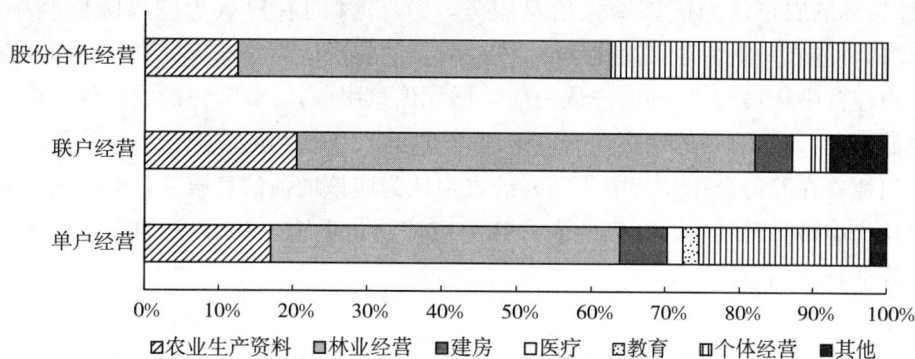

图 8 - 6　不同经营形式的农户对于林权抵押贷款用途的认知

　　林权抵押贷款存在的问题如图 8 - 7 所示，在单户经营中，49.67％的农户表示不知道怎么申请，15.68％的农户表示申请手续复杂，9.61％的农户表示不满足规定条件，11.76％的农户表示没有林权证，6.54％的农户表示利息太高，5.73％的农户表示其他；在联户经营中，51.89％的农户表示不知道怎么申请，6.6％的农户表示手续复杂，1.89％的农户表示不满足规定条件，18.38％的农户表示没有林权证，4.72％的农户表示联户林权证不独立，8.49％的农户表示利息太高，8.04％的农户表示其他；在股份合作经营中，50％的农户表示不知道怎么申请，6.67％的农户表示手续复杂，20％的农户表示没有林权证，6.67％的农户表示股份合作经营林权证不独立，13.33％的农户表示利息太高，3.33％的农户表示其他。

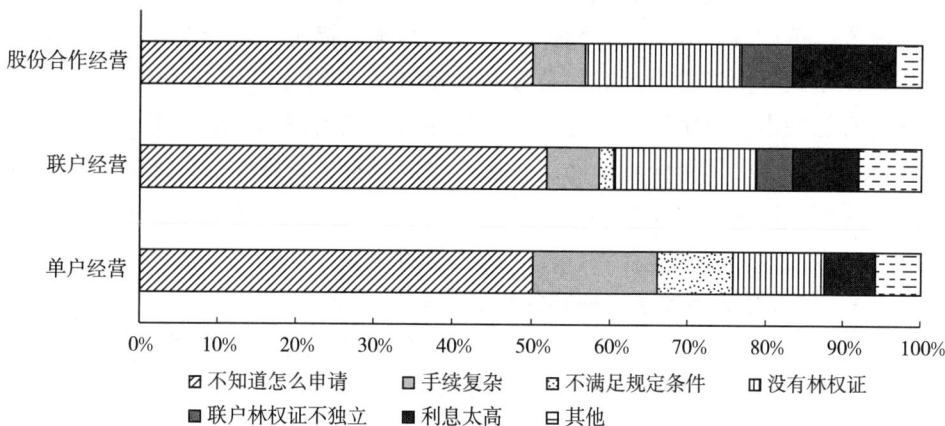

图 8 - 7　不同经营形式的农户对于林业抵押贷款存在问题的认识

针对未来林权抵押贷款的发展建议如图 8-8 所示，在单户经营中，21.54%的农户认为应该增强信息服务，27.69%的农户认为应该降低利率，26.15%的农户认为应该简化手续，24.62%的农户认为应该降低贷款门槛；在联户经营中，14.29%的农户认为应该增强信息服务，28.57%的农户认为应该降低利率，23.81%的农户认为应该简化手续，26.19%的农户认为应该降低贷款门槛；在股份合作经营中，25%的农户认为应该增强信息服务，8.33%的农户认为应该降低利率，25%的农户认为应该简化手续，33.33%的农户认为应该降低贷款门槛。

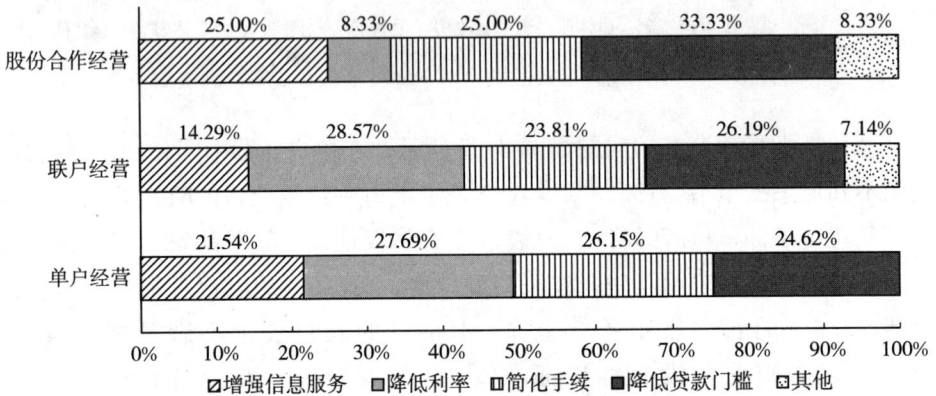

图 8-8　不同经营形式的农户对于林权抵押贷款政策发现的建议

8.2.3　森林保险

随着林权制度改革的深入，2005 年三明市林业和金融部门合作开展了林业投融资改革试点，并引入森林保险制度作为配套措施。政策性森林保险采取自愿投保模式，由省、市两级财政按林地面积大小给予投保人一定保费补贴。构建符合三明市实际情况的林业风险防范体系，是促进林改后三明市林业整体发展的重要保障。但目前由于经济发展水平和林业的特殊性等方面的制约，政府虽然对整个区域各县都实行了统一的政府性保险，但未能调动林农的积极性，森林保险目前仍然存在着许多问题亟待解决。

8.2.3.1　林区经济不发达，森林保险的有效需求低

相对于其他地区来说，林区经济发展状况相对落后，林农收入仍处于较低水平。根据马斯洛的需求理论，安全需求是在生理需求实现后的需求。对于不少林农来说，解决温饱问题是首要关注的事情，而森林保险对于集体林区的普通林农而言，是一种高层次的需求，是在解决好温饱问题以后才会思考的问

题。因为对于老百姓而言，食物、医疗、教育、养老等问题对于他们而言是真正重要和能够引起他们关注的问题。林业生产经营对于单户经营的农户而言因林业规模普遍较小，参与度本身并不高，因此他们对于森林保险的需求也相应较低。此外，由于三明市特殊的地理位置，其自然条件非常好，自然灾害较少发生，林农林业生产经营的风险本身不高，因此农户对森林保险的需求也并不十分明显。

8.2.3.2　现行保险体制不适应森林保险发展的需求

目前三明市森林保险实行的是政策性保险，三明市林业局及各区县林业局实行统一保险。这种政策性保险虽然为广大林农提供了服务，降低了风险。但政策性保险的诸多弊端也阻碍了林改以后森林保险制度的构建。由于三明市实行的是政府统一保险，因此在实地调研中我们发现大部分农户对于森林保险的认知不够，并且不知道政府对林地实行了统一保险。由于林农对森林保险认知度不高，导致即使发生了森林火灾等自然灾害，森林资源经营者也不知道如何索赔，这就造成了政策性森林保险的作用没有得以发挥。

8.2.3.3　农户对森林保险相关问题的认知

三明市森林保险开展早，政府投入了大量精力和资金，目前三明市采取的是统一保险。然而调研中 45.78％ 的单户经营农户表示知道森林保险，40.42％ 的联户经营农户表示知道森林保险；42.31％ 的股份合作经营农户表示知道森林保险，说明政府对于森林保险的宣传还有待进一步提高。

森林保险的发展离不开政策支持，更离不开作为需求主体的农民的支持。对于森林保险的需求如图 8-9 所示，在单户经营中，41.94％ 的农户表示需要火灾险，42.74％ 的农户表示需要病虫害险，15.32％ 的农户表示需要综合险；

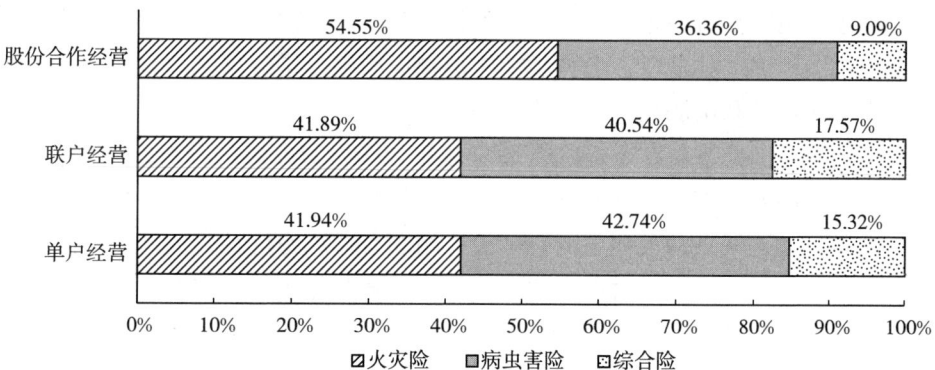

图 8-9　不同经营形式农户对森林保险的需求

在联户经营中，41.89％的农户表示需要火灾险，40.54％的农户表示需要病虫害险，17.57％的农户表示需要综合险；在股份合作经营中，54.55％的农户表示需要火灾险，36.36％的农户表示需要病虫害险，9.09％的农户表示需要综合险。在今后三明市森林保险开展的方向上，作为南方集体用材林重点区域，火灾险仍是重点。

8.2.4　合作经营组织

在福建省三明市，林业合作经营组织作为林业规模化经营最主要最重要的形式，近年来得到了政府部门的大力支持和鼓励，按照目前三明市政府颁发的《关于建立健全林业社会化服务体系，促进林农合作组织发展的意见》要求，引导林农以亲情、友情和资金、技术为纽带，建立家庭联合经营、委托经营、合作制、股份合作制等各种形式的新型林业经营实体，并加强科学指导，协助完善合作组织相关规章、章程，逐步规范合作经营。同时，鼓励企业与林农合作兴办原料林基地，实现规模经营、集约经营。引导林农建立林木种苗、护林联防等各类专业协会，并逐步形成网络，加强行业自律和行业保护，为林农提供优质的服务。抓好典型示范，加强信息、技术、培训、质量标准与认证、市场营销等服务，确保林农合作经济组织和各类专业协会健康有序发展。但在具体的操作过程中，仍然存在一系列问题，主要包括以下几方面。一是在利益分配方面无法完全实现量化，如用材林；二是民主管理方面，应遵循农民为主体和民主决策"一人一票"原则；三是入社退社方面，"入社自由、退社自愿"的适用范围问题。

8.2.4.1　政策和制度缺位

林业合作组织作为林改以后规模化经营的重要形式和最有效的实现途径，它的健康发展需要有一定的法律和制度作为基础。目前世界范围内的林业发达国家在发展和促进林业专业合作组织方面都纷纷出台了各项法律，而我国虽然有《中华人民共和国农民专业合作社法》，但由于林业与农业在生产特点上并不完全一致，因此该法律不能完全适应林业合作组织发展的需要。例如，《中华人民共和国农民专业合作社法》中对于合作组织成员有"入社自愿、退社自由"的条款，这一条款就明显对林业合作组织有着不适应性。因此，从法律和制度的角度来看，我国在林改以后大力发展林业合作组织存在着一定的法律制度的缺位，因此带来一定的困难。

8.2.4.2　林业合作组织政策支持力度较弱

除了法律和制度的缺位，我国林业合作组织在政策鼓励上也相对较弱。目前的合作组织的各项优惠政策更多的是倾向于农业专业合作组织，在调研中我们发现，许多地方虽然成立了林业专业合作社，但由于其不属于农业合作组织，合作社在申请优惠资金和政府优惠政策方面往往受到很大的阻力。这是由于合作组织的管理权不在林业部门，在政策优惠方面，各项申请均由工商部门统一操作。因此在实际申请资金和优惠政策过程中，工商部门的限制条件较多，不利于林业合作组织的快速发展。

在实地调查中我们发现，制约合作组织大力发展的原因之一是相关林业管理部门对于合作组织功能的误解，导致有助于合作组织建设和发展的优惠政策无法真正落实到林农身上，政策执行力和可操作性差，又缺乏相应的配套措施，均严重打击了林农参与和构建林业合作组织的积极性。

8.2.4.3　农户对合作经营组织相关问题的认知

不同经营形式林农加入林业合作组织的需求如图 8-10 所示，在单户经营中，35.44% 的农户表示需要加入，47.09% 的农户表示不需要加入，17.48% 的农户表示看情况；在联户经营中，25.21% 的农户表示需要加入，50.42% 的农户表示不需要加入，24.37% 的农户表示看情况；在股份合作经营中，25% 的农户表示需要加入，40% 的农户表示不需要加入，35% 的农户表示看情况。由此可见不同经营形式的农户对林业合作组织的态度均较消极，林农参与合作组织积极性不充分。在调研中我们发现，大部分的劳动力更倾向于外出务工而非经营林业，对林业经营的积极性相对较低，进一步而言，大部分林农对合作组织缺乏正确的认识、合作意识淡薄、主动参与性更低，同时合作组织内部，组织目标及参与社员利益之间的紧密性不够，难以提高林农参与积极性。

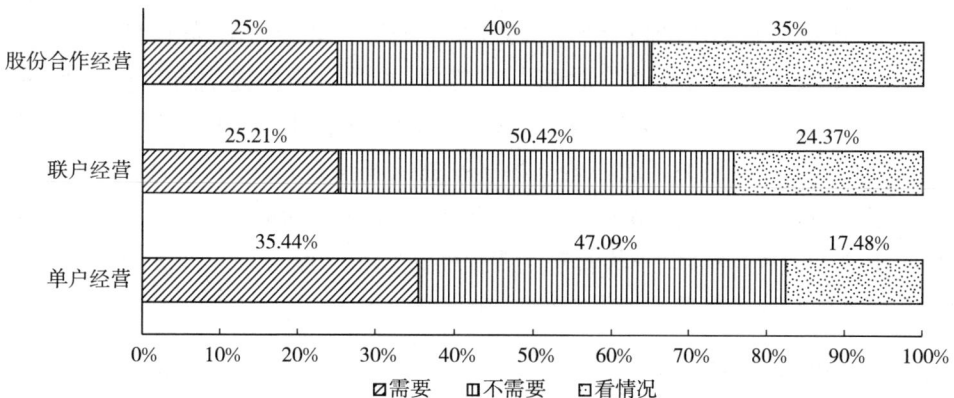

图 8-10　不同经营形式农户对林业合作组织的需求

针对农户未加入林业合作组织的原因，如图 8-11 所示，在单户经营中，有 19.90%的农户表示不知道如何加入合作组织，1.49%的农户表示加入的门槛高，13.43%的农户表示加入没有好处，62.19%的农户表示该区域没有合作组织，2.99%的农户表示其他；在联户经营中，24.78%的农户表示不知道如何加入合作组织，0.88%的农户表示加入的门槛高，8.85%的农户表示加入没有好处，61.06%的农户表示该区域没有合作组织，4.42%的农户表示其他；在股份合作经营中，16.67%的农户表示加入没有好处，83.33%的农户表示加入后限制多。

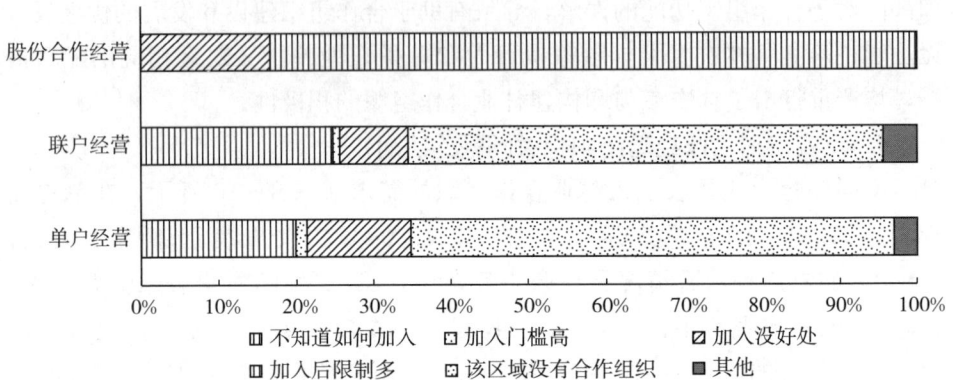

图 8-11　不同经营形式农户未加入林业合作组织的原因

针对希望加入合作社的类型，在单户经营中，25.86%的农户希望提供小额信用贷款，26.44%的农户希望提供技术培训和指导，8.62%的农户希望提供集中购买种苗，12.07%的农户希望集中统一销售，14.37%的农户希望提供市场信息服务，8.04%的农户希望提供生产互助，4.6%的农户希望方便申请采伐指标；在联户经营中，19.23%的农户希望提供小额信用贷款，28.85%的农户希望提供技术培训和指导，5.77%的农户希望提供集中购买种苗，15.38%的农户希望集中统一销售，11.54%的农户希望提供市场信息服务，13.46%的农户希望提供生产互助，5.77%的农户希望方便申请采伐指标；在股份合作经营中，25%的农户希望提供小额信用贷款，16.67%的农户希望提供技术培训和指导，33.33%的农户希望提供集中购买种苗，8.33%的农户希望集中统一销售，16.67%的农户希望提供市场信息服务。三种类型的农户对森林防火的林业合作组织均无需求（图 8-12）。

8.2.5　采伐限额

林农对林业采伐管理政策的认知直接影响到国家相关林业采伐管理制度改

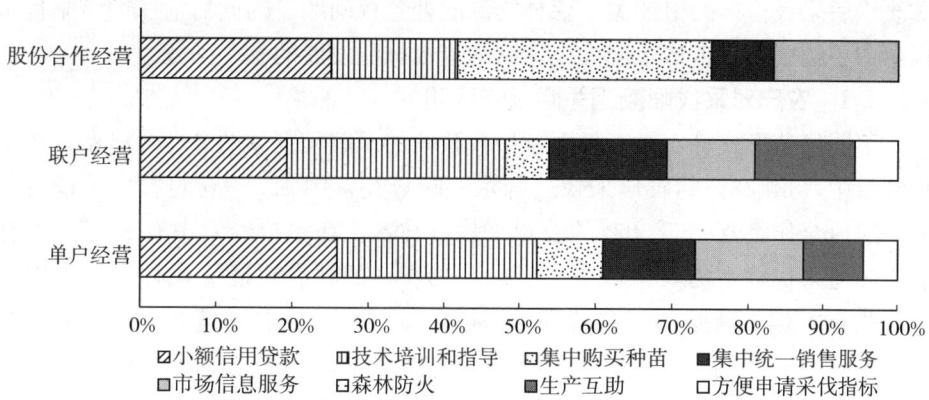

图 8-12 不同经营形式农户对林业合作组织的需求

革的成效，并最终影响森林资源可持续发展目标的实现。目前的森林资源采伐制度主要是国家宏观层面的政策和制度，国家层面对整地造林、森林的抚育和采伐、采伐迹地更新等形成了一系列的法律、政策等层面的规范制度。但这种经营管理制度是全国性的，而具体到某一区域就会产生一些不适应性。一项政策的执行，首先要加强政策所涉及的主体对该项政策内容的认知，这样才能有效地保证政策的顺利实施。目前福建三明市采伐限额制度主要存在以下问题。

8.2.5.1 限额采伐与经营方案脱节

林改以后森林资源经营主体，尤其是林农对于限额采伐制度最为关心。但各经营主体在申请限额采伐方面，都是以现实的经济利益为主，并没有按照原来的森林经营方案进行指标的申请。从经济学角度来看，农户作为一个有限理性人，以追求经济利益为主是农户正常的经济行为。在采伐指标申请方面，就体现出了这一行为特点。因此就造成了严重的限额采伐指标申请与森林经营方案脱节的现象。而改革后三明市出台的择伐为主的采伐政策，大大增加了采伐成本，尤其是对于单户经营的农户，采伐成本的增加会大大降低他们的林业收入。

8.2.5.2 采伐指标申请难度大

林改以后森林资源经营者数量的增加给采伐指标的分配带来了更大的困难，采伐指标申请难度大成为困扰林农进行林业生产经营的最主要的问题之一。林农普遍反映目前的林木采伐需要繁琐的程序进行申请，且申请周期长、申请过程不公开透明等现象大量存在，采伐指标的申请成为制约林业生产经营的重要因素。林木采伐以后，还需要再办理木材运输证等，程序也十分复杂。

林改以后采伐指标的申请关乎森林资源的处置权问题，因此目前三明市采伐指标申请手续繁琐、申请难度大成为制约当地林业发展的重要问题。

8.2.5.3 农户对采伐限额相关问题的认知

不同经营形式林农对森林限额采伐政策的了解程度如图8-13所示，在单户经营中，14.23%的农户采伐过林木，联户经营中12.32%的农户采伐过林木，股份合作经营中7.69%的农户采伐过林木。在单户经营中有18.7%的林农不知道采伐林木需要申请采伐指标；48.8%的林农知道采伐林木需要申请采伐指标，但不清楚如何申请采伐指标；17.1%的林农知道如何申请采伐指标，但还没有参与过申请采伐指标；3.3%的林农申请过采伐指标，但没有申请到；12.2%的林农曾经申请到了采伐指标。在联户经营中，有15.41%的林农不知道采伐林木需要申请采伐指标；54.68%的林农知道采伐林木需要申请采伐指标，但不清楚如何申请采伐指标；14.24%的林农知道如何申请采伐指标，但还没有参与过申请采伐指标；1.21%的林农申请过采伐指标，但没有申请到；14.06%的林农曾经申请到了采伐指标。在股份合作经营中，有16.19%的林农不知道采伐林木需要申请采伐指标；55.18%的林农知道采伐林木需要申请采伐指标，但不清楚如何申请采伐指标；11.32%的林农知道如何申请采伐指标，但还没有参与过申请采伐指标，1.04%的林农申请过采伐指标，但没有申请到，16.27%的林农曾经申请到了采伐指标，如图8-13所示。

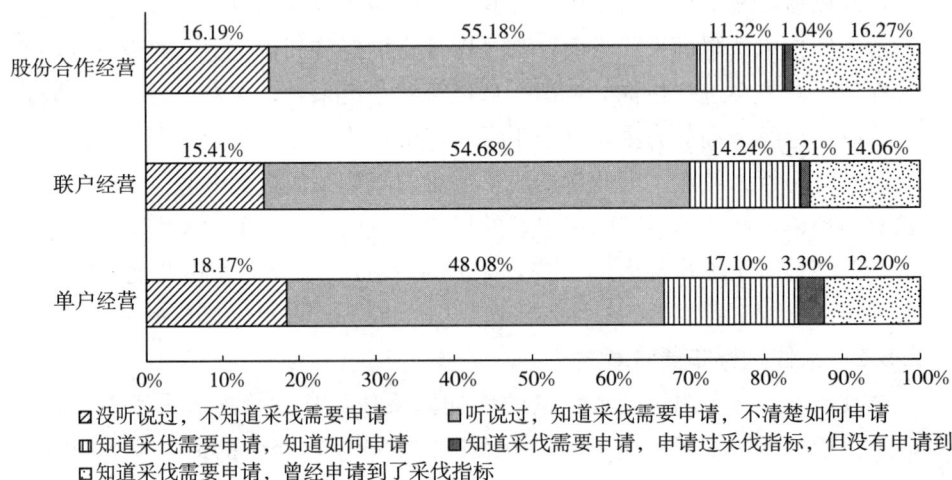

图8-13 不同经营形式的农户对采伐限额的认知

在调研中，我们发现这主要是由于普通单户经营的林农通常造林规模很小，林改后，大部分林农的林地还没有进行过采伐，因此不清楚如何申请；林业大户、联户经营、股份合作经营和集体经营的林地，通常规模较大，造林、抚育、抚育采伐、采伐等经营行为均委托给专业公司进行。一旦林木达到采伐年龄，通常会通过招投标，对林木的采伐权进行转让，从而获取利润，采伐权转让后，由获取采伐权的公司进行采伐指标申请、采伐作业，而林地经营者只需提供协助即可。

对于采伐限额存在的问题，在单户经营中，44.74％的农户认为指标太少，10.53％的农户认为申请程度繁琐，13.16％的农户认为限制过多，13.16％的农户认为分配不透明，7.89％的农户认为指标被关系户垄断，2.63％的农户认为指标被生产大户垄断，7.89％的农户认为采伐指标不能根据市场供求调节；在联户经营中，45.45％的农户认为指标太少，27.27％的农户认为申请程度繁琐，18.18％的农户认为限制过多，4.55％的农户认为指标被关系户垄断，4.55％的农户认为指标被生产大户垄断；在股份合作经营中，由于农户通常不参与采伐的决策，因此表示对采伐限额政策中存在的问题不是很了解。

8.3　本章小结

集体林产权制度改革后，不同林业经营形式的农户对集体林权制度改革现行的主体政策（包括林改的主要内容、林改方式、林权证及林权纠纷等）的认知存在一定的差异，对于集体林权制度改革的满意度、林权流转、抵押贷款、森林保险、林业合作组织、农户对采伐限额等林改配套政策的了解程度、现在存在的问题、未来发展建议有相同之处，也有所不同。

在对于林改主体政策的认知中，联户经营高于单户经营高于股份合作经营，而在对于林改配套政策的认知中，对于林地流转问题，目前缺乏科学有效的森林资源评估体系，无论是单户经营、联户经营还是股份合作经营对自身拥有的林地价值均不能准确评估，同时信息不完全，交易成本高等问题都制约了林权流转，进一步调研发现，单户经营的林农由于其林地面积和经营规模比较小，加之以个人为单位进行流转的程序繁琐，他们对于流转政策的满意度最低。而股份合作经营这种形式往往有能人带头对林地进行经营管理，因此在流转的程序上其他成员无须费心，他们对于流转政策的满意度最高。对于林权抵押贷款，目前投资主体单一，以政府为主，同时产权法律不完善，抵押贷款约束机制尚未形成；在森林保险中，林区经济不发达，森林保险的有效需求低，同时现行保险体制不适应森林保险发展的需求；在合作经营组织问题中，由于政策和制度缺位，政策支持力度较弱，在调研中，不同经营形式的农户对林业合作组织的态度均较消极，林农参与合作组织积极性不充分；在采伐限额政策中，限额采伐与林业经营方案脱节，采伐指标申请难度较大，尤其是对于单户经营的农户，采伐成本的增加会大大降低他们的林业收入。

因此，对于后续深化改革配套政策的制定及创新多元化林业经营体系应正确认识每一种林业经营形式的特点，有针对性和引导性地制定优惠政策，以促进各种林业经营形式良好发展。

第9章 研究结论及林业经营形式发展的对策建议

本研究以制度经济学及林业经营理论为基础，分别对不同林业经营形式的形成机制和差异性进行了分析，系统阐述了三明市林业经营形式发展变化历史、现状及特点，并对农户选择不同经营形式的影响因素进行了深入分析，进而对不同林业经营形式的效率、综合绩效进行了整体全面的评价。笔者多次去福建省三明市区及几个重点区县进行了实地调研，全面系统地对三明市林业经营进行了一手和二手资料收集，采用多种调研方法，如半开放式结构访谈、问卷调查、专家打分法、座谈讨论等多种方式获取数据，其中问卷包括农户问卷、林业管理部门管理者问卷等。基于大量的一手调研数据以及丰富的二手资料的收集对三明市集体林主要经营形式进行定性及定量分析及系统研究，并在此基础上对林业经营创新机制的构建提出有针对性的对策建议。

9.1 主要结论

本研究主要针对林改以后南方集体林区福建省三明市，同时也是全国重点林改示范区，关于集体林主要经营形式的差异性和绩效具体的实证性研究。得到以下结论，三明市林业经营呈现出经营主体多元化、经营形式多样化的格局，单户经营逐步向联户经营及股份合作经营发展，主要经营形式存在权属、经营管理、经营效率和综合绩效等多方面的差异。同时，不同经营形式并存是老百姓根据自身条件及外部市场环境条件选择的结果，是和农户自身生产力水平，外部市场条件相适应的结果。因此，对于今后三明市林业经营创新体系的构建及深化改革配套政策的制定，应正确认识每一种林业经营形式的特点，有针对性和引导性地制定优惠政策，促进各种林业经营形式良好发展。具体如下：

第一，林改后三明市林业快速稳定发展，总体上三明市的林业经营形式以单户经营为主逐步向联户经营、股份合作经营及其他经营形式共同发展，具体各区县各种经营形式在不同时点的分布存在一定的差异。这主要是由于分林到户初期农民生产意愿强烈，但随着林地细碎化、经营成本高、生产周期长、风险大等问题的出现。加之林改配套政策中的合作经营优惠政策的颁布，因此联户经营、股份合作经营及其他经营形式也就逐渐发展起来。

第二，不同经营形式对于林业经营体系的良好发展尤为重要。一方面，不同林业经营形式都是我国农村经济发展的产物，不同时期具有不同的发展特点，即不同的林业经营形式与同时期的林业产权制度及林业生产力相适应。另一方面，不同的经营形式的形成和发展又是农户内在利益需求的表现，因此，不同的经营形式形成了一个转换机制，受内在市场竞争和劳动力、外部合作经济组织的发展及政府政策等因素影响。不同林业经营形式形成的历史各不相同，并且在经营权属、经营管理过程、资产使用及应对自然、市场风险的能力等方面均存在差异，一般而言，林业经营组织化程度越好，其林业规模效益的发挥及应对风险的能力越强。同时能否尊重和利用好农户的需求问题是林业经营形式发展的关键，基于实地调研，我们发现三明市主要经营形式在农户家庭人口、农户家庭劳动力、家庭耕地及林业资源情况等方面的相差不大，而在外出打工、户主年龄、受教育程度、家庭人均收入、家庭林业收入贡献方面存在一定差异。其中，单户更适合粗放经营、联户经营适合适度经营而股份合作经营适合集约经营。

第三，就林改以后农户对不同林业经营形式的选择意愿而言，选择单户经营的农户高于联户经营高于股份合作经营。在影响农户选择意愿的诸多因素中，相对选择单户经营而言，农户受教育水平越高、林地分散程度越高、采伐指标获取越难，越倾向于选择股份合作经营；相对联户经营而言，林地分散程度越高、采伐指标获取越难，越倾向于选择股份合作经营；林业收入占家庭总收入比重越大、户主为男性、林业经生产经营情况越好，越倾向于选择单户经营；相对股份合作经营而言，家庭劳动力数量越多、林业收入占家庭总收入比重越大、林业生产经营情况越好，越倾向于选择单户经营；政策制度越好越倾向于选择单户经营。

第四，通过三阶段 DEA 模型对不同林业经营形式综合效率、规模效率和林业技术效率的测量，综合效率：联户经营高于股份合作经营高于单户经营，通过第二阶段的 SFA 回归分析发现环境因素中，农户家庭人均收入、立地条件是提高单户经营效率的有利因素；进一步而言，外出打工人数、财政补贴是单户和联户经营效率提高的不利因素，农户受教育年限是联户和股份合作经营效率提高的有利因素；经营技术水平对单户和股份合作经营效率提高有促进作用；同时分析其各投入要素的松弛量发现，劳动力投入松弛在各经营形式中比例最大，资金投入松弛次之。

第五，对不同林业经营形式综合绩效进行评价，从综合得分来看，综合绩效良好的比例中股份合作经营最高，绩效一般的比例中联户经营最高，绩效较差的比例中单户经营最高。对于单户经营未来的发展中，在林地生产力、经营投入状况、经营潜能、经营环境方面的能力还有很大的提升空间；在联户经营未来的发展中，在林地生产力、农村社会发展条件及和谐状况、生态质量状况、经营环境的绩效等方面可以提高；股份合作经营的发展中，经营潜能和农户生活状态的绩效还有待提高。

第六，不同林业经营形式的农户对集体林权制度现行的主体政策包括农户对集体林权制度改革的主要内容、林改方式、林权证及林权纠纷问题上存在一定的差异，对于集体林权制度改革的满意度、林权流转、抵押贷款、森林保险、林业合作组织、农户对采伐限额等林改配套政策的了解程度、现行存在问题、未来发展建议的认知上有相同之处，亦有不同。因此，对于今后深化改革配套政策的制定及创新多元化林业经营体系应正确认识每一种林业经营形式的特点，有针对性和引导性地制定优惠政策，促进各种经营形式良好发展。

9.2　多元化林业经营形式发展的对策建议

9.2.1　进一步完善林权管理制度

集体林经营无论是哪种经营形式，森林资源产权的明晰都十分重要。联户经营和股份合作经营的效率较高，但这两种经营形式受产权的影响和约束较大。三明市林权制度改革以后，虽然森林资源权属得到了进一步明晰，各县林权证发放和林权登记工作取得了良好的效果，但对于不同经营形式的经营主体而言，目前的林权管理制度都存在着一定的问题。

从单户经营的角度来看，经营主体虽然获得了林权证，但是由于林地规模较小，难以进行抵押贷款等融资活动，因此仍然无法解决单户经营缺乏资金的问题。从联户经营的角度来看，目前三明市联户经营主要是以村民小组联合经营为主，每个村民小组只拥有一本林权证，使用林权证进行流转、保险、贷款时，需要村民小组所有成员同意，导致了在林权证使用过程中存在诸多不便。虽然三明市林业主管部门已经意识到了这个问题，并逐渐开始为每一位村民小组成员发放林权证，但"一证多本"如何使用的问题仍然没有得到解决。从股份合作经营的角度来看，股份合作经营的林地规模最容易产生变化，因此林权的动态管理需求十分强烈，但目前的林权登记与变更往往存在着很严重的滞后性，难以准确地反映股份合作经营的林地权属情况。

由此可见，完善三明市林权管理制度对于林改后多种经营形式的实现、林地经营效率的提高十分必要。要根据各地区经济发展情况和资源条件的差异性，采取不同的林地分配方式。不同的区域其林业的战略地位及农户对于林业发展的关注程度不同，共同决定了该区域的林业经营形式，而无论采取单户经营、联户经营、股份合作经营或其他任意一种新的经营形式，追求的林业规模效益，实现高效经营的同时都必须得到林农的广泛支持，尊重林农的意愿，注重效率与公平的共同发展。

在林权管理制度中，完善联户林权证的分户和细化过程，加强林权证中的林木所有权权利人、森林、林木、林地四至范围等具体内容的检查、核对和纠错工作，并依法及时对错、漏、重发林权证等系列问题进行处理和纠正。同时借鉴农村土地承包经营权流转的经验和做法，跟进林权动态变化管理，依法及时做好对于林权流转、林权抵押贷款过程中的林权变更、注销等登记工作，各县（市、区）政府要加大投入，加强林权管理机构建设，完善林权管理信息系统。

9.2.2　逐步加强合作经营的相关政策和制度

根据本研究对农户森林资源经营意愿的分析结果，林改以后绝大多数农民都更愿意选择单户经营，这说明产权的明晰对于农民从事林业生产的积极性有一定的促进作用。但从三种经营形式的效率评价结果来看，联户高于股份合作高于单户经营。由此可以看出，若按照当前农民的主观意愿进行林业生产经营，效率是低下的，难以实现林权制度改革提高林业生产效率的目标。因此，从政策制定的角度来看，在林改各项配套政策制定和实施过程中要对股份合作经营和联户经营等合作经营形式加以适当的引导和优惠，保证林业生产经营效率的实现。政策的重点应倾向于加快发展多种形式的经营，尤其是大力推进以联户和股份合作为主的规模化经营形式。通过资金、劳动力、技术等生产投入要素的优化重组来增加林地生产力，提高林业经营效率，提升林业经营的规模化、专业化及社会协作程度。

在鼓励引导林农进行合作经营时，应重点依托林业合作组织这一创新经营组织形式，在产权明晰的基础上，积极引导林农自愿开展以股份合作为主的多种形式的合作经营，给予相应的优惠政策，从而提高林业生产效率。在制定具体的政策时，应该从以下方面入手：第一，直接给予资金支持，增强森林资源经营主体进行合作经营的主观意愿。可以通过建立合作社专项补助资金的形式，将分散的单户经营的主体聚集起来，成立林业专业合作组织，以股份合作的形式进行林业生产经营。为新成立的林业专业合作组织提供初始运作资金、协助其购买生产设备、引导企业与农民的合作，通过多种渠道吸引金融和社会资本的支持。第二，在林业合作组织的设立、审批、监管等方面给予相应的优惠政策，如税收优惠等，鼓励单户经营的农户自发创新经营组织形式。第三，通过宣传与培训，对单户、联户以及股份合作等多种经营形式的经营主体进行林业经营方面的培训，使其了解相关政策信息与林业生产经营技术。

根据三明市林业合作组织发展的现状，在鼓励引导多种经营形式时，应重点抓好永安、尤溪、沙县、将乐等县（市）的试点工作。永安市以林业专业合作社、股份合作林场、家庭林场建设为重点；尤溪县引导推广采伐迹地的合作造林，实行股份合作经营；沙县以股份合作林场建设为重点；将乐以金森公司为依托，采取"公司＋农户＋基地"的模式，组建新型林业合作组织。通过采取财政资金、金融信贷、品牌创建、税费、采伐指标等方面优惠政策和扶持措施，促进各类生产要素通过林业合作组织顺畅进入林业发展的各个领域。加强试点经验总结，逐步辐射推广，扩大林业合作组织覆盖面，全面提升林业经营水平。2013—2020 年，平均每年每个县（市、区）新建立 2～3 家林业合作经济组织，不断提高林业组织化程度，实现从分散经营向规模经营、集约经营转变，形成林业良性发展机制。

9.2.3　改进森林资源采伐制度

通过本研究可以发现，福建省三明市林权制度改革以后，采伐指标的获取情况对农户森林资源经营形式的选择有很大的影响。林改以后，一般情况下农民更愿意进行单户经营，但当农户以家庭为单位的单户经营存在一些困难时（如采伐指标难以获取），或由于一些历史遗留问题难以实现单户经营时，农民就会选择联户和股份合作等合作经营形式来进行林业生产活动。由此可见，制度变革以后森林资源处置权对于农户森林资源经营行为有很大影响。

因此，在集体林权制度改革以后，在森林资源经营主体骤然增加、采伐指标分配难度加大、管理成本增加的情况下，应该逐步改进采伐制度，适应多种经营形式发展的需求。具体而言，针对目前的采伐制度，应该从以下几方面进行改进：第一，对于择伐政策，要本着经营主体资源的原则，不能强制大力推行；同时要制定一套合理的择伐技术指导体系，提高择伐的可操作性。第二，按分类经营的原则，对生态公益林实行补贴制度，对商品林适度放开限额采伐制度，保障林农的收益权。第三，完善伐后监督机制，为采伐后的迹地更新制定一套技术标准和监督措施，保障森林资源可持续经营。

9.2.4　建立和完善林改相关配套政策制度

本研究表明，从林业生产经营形式来看，目前三明市林业多种经营形式并存。但不同经营形式的林业生产效率和综合绩效有所不同。深化林权制度改革阶段的主要任务是建立和完善林改相关的配套改革政策。而各种配套改革政策对不同的经营形式有着诸多影响。因此为了科学引导三明市林改后多种林业经营形式的发展，应该逐渐建立和完善包括林权流转、抵押贷款、森林保险、合作组织、公益林补偿等在内的多项配套改革的相关政策制度。

首先，对于林流转权问题，①鼓励生产要素不足的单户经营农户，如缺乏资金、劳动力、生产经验和能力，通过场内及场外流转的形式实现林地经营权的流转，在提高林业生产效率的同时，保证森林资源所有者的收益权。②充分发挥林业部门的行政管理职能，首先加大宣传力度，尤其对于信息闭塞区域；对于流转过程的规范性和合法性进行监督，避免林农利益的损失；依照相关法律法规，对于流转后林地林木资源利用情况进行审核，保证林地资源的健康发展；淡化所具有的中介服务功能，即逐步将林地流转、林地林木价值评估向市场化方向发展。

其次，对于林权抵押贷款问题，需要建立完善的抵押贷款体系，并针对不同的林业经营形式的经营主体提供不同类别的贷款项目，有效解决抵押过程中出现的信息不对称以及交易成本高、手续复杂等问题。对于单户经营的农户，实行拓展产品以小额贴息贷款为主，金融部门提供30万元以下的小额贴息贷款，简化资产评估手续，鼓励更多的农户从事林业生产经营；针对联户经营的农户及股份合作经营的农户应继续加大力度争取贷款，同时注重林权抵押贷款的信用风险管理，建立完善林业信用体系，完善金融保险机制。

最后，对于森林保险的问题，由于不同经营主体和不同经营形式的林农抵抗森林经营风险的能力不同，因此在制定和实施森林保险相关政策时要考虑不同经营形式的问题。由于三明市目前实行统一保险，但实际上大部分单户经营的农户对森林保险并不了解，因此林改以后林地发生灾害后没有索赔的情况大量存在。因此今后开展森林保险过程中应该加大宣传力度，使保险政策落到实处。

9.3　未来展望

9.3.1　研究创新点

第一，在研究内容上，本书是基于集体林权制度改革典型区域福建省三明市不同林业经营形式的大样本研究，以不同林业经营形式包括单户经营、联户经营、股份合作经营为研究对象，从林业经营形式的差异性、林农选择的影响因素、不同经营形式的经营效率、综合绩效及林农对现行政策的认知等方面进行系统分析，更加客观全面地认识林业经营形式问题，在相关研究领域中，上述研究内容更具系统性及整体性。

第二，在研究方法运用方面，本书选择了主成分分析、多元 Logistic 回归分析、三阶段 DEA 模型、AHP—模糊综合评价等量化分析方法，尝试运用三阶段 DEA 模型测量微观不同林业经营形式的效率问题，同时在综合评价指标选择中有所改进，较以往研究，使用效果更好，更有助于为今后该领域研究提供方法借鉴。

9.3.2　研究的不足及展望

由于笔者研究能力有限，关于研究深度及数据收集等方面仍存在着局限和不足，使得本研究工作在一些方面还可以继续加以研究或扩展。

第一，研究数据问题。由于本研究一部分统计数据来自县、市层面多个数据库查询数据，个别数据需要加以修正，这就使本书的研究结论与真实结论存在偏差，有待根据更加连续、口径一致的数据来进行分析。同时，在对林业经营投入与产出测量经营效率的指标处理中存在一定误差，资料收集相当困难，有待进一步解决；对农户林业经营活动数据的获取，有待长期跟踪，获得更加连续、全面的数据，从而具体深入分析林业经营形式问题，使本书的结论更具可信度。

第二，在研究方法问题上。由于本研究中采用的是 AHP—模糊综合评价方法对不同林业经营形式的综合绩效进行评价，在专家调查问卷中，鉴于部分专家的相关专业水平的差异，导致对指标认知及权重的确定存在偏差，同时不同经营形式的综合绩效是一个复杂的系统，影响综合绩效的因素很多，本研究在指标体系的构建方面，仍存在一些问题。因此，不同经营形式的综合绩效评价的指标体系需要进一步全面具体的研究和论证。

总而言之，尽管本书研究还存在一定的局限性，但是为林业经营形式的效率测量和绩效评价方面提供了重要的思路和方法，为未来发展林业经营形式的创新机制方面提供了科学的依据。相信在数据资料逐步丰富、国内外相关研究日益深入的基础上，本研究工作将得到进一步完善。

参 考 文 献

阿兰·斯密德，2004. 制度与行为经济学 [M]. 北京：中国人民大学出版社.

柏章良，1997. 林业可持续发展在国家可持续发展战略中的地位和作用 [J]. 世界林业研究，10 (1)：1-7.

曹汉洋，陈金林，2000. 杉木马尾松木荷混交林生产力研究 [J]. 福建林学院学报，20 (2)：158-161.

曹玉贵. 企业产权交易定价研究 [D]. 天津：天津大学，2006.

陈柳钦，2007. 林业经营理论的历史演变 [J]. 中国地质大学学报（社会科学版）(2)：50-56.

陈楠，郝庆升，2010. 农民生产经营组织化动力要素及作用机制分析 [J]. 农业经济 (8)：76-78.

陈永富，姬亚岚，2003. 对南方集体林区非公有制林业发展的思考 [J]. 林业经济 (5)：47-49.

程扬勇，2004. 国外农业合作组织的绩效评价与启示 [J]. 中国农业综合开发 (6)：58-59.

程云行，2004. 南方集体林区林地产权制度研究 [J]. 北京林业大学学报，11 (11)：18-20.

党国英，2001. 非正式制度与社会冲突 [J]. 中国农村观察 (2)：54-64.

傅成华，2007. 林权制度改革应对的几个新问题 [J]. 科技咨询导报 (24)：191-191.

高海清，2010. 农村合作经济组织的绩效分析 [J]. 人民论坛 (9)：160-161.

高岚，张自强，2012. 林农可持续经营模式行为选择与约束影响分析 [J]. 林业经济 (2)：50-55.

顾艳红，张大红，2012. 博弈视角下林业合作组织的违约金机制研究——以"公司＋林业合作组织＋林农"模式为例 [J]. 林业经济问题，32 (1)：32-35.

郭军华，倪明，李帮义，2010. 基于三阶段 DEA 模型的农业生产效率研究 [J]. 数量经济技术经济研究 (12)：27-38.

郭铁民，林善浪，2001. 农地股份合作制问题探讨 [J]. 当代经济研究 (12)：30-33.

郝春旭，侯一蕾，李小勇，2013. 三明市集体林权制度改革的农村社会经济福利测度 [J]. 北京林业大学学报：社会科学版 (4)：21-26.

何广文，2001. 中国农村金融供求特征及均衡供求的路径选择 [J]. 中国农村信用合作 (9)：14-16.

贺东航，朱冬亮，2006. 关于集体林权制度改革若干重大问题的思考 [J]. 社会主义研究 (5).

洪燕真，戴永务，余建辉，等，2009. 福建省林权制度改革后的林业经营组织形式探讨 [J]. 林业经济问题，29（2）：163-167.

胡小平，陈刚林，1993. 我国南方林业生产经营形式研究 [J]. 天府新论（1）：12-18.

黄斌. 采伐限额管理制度约束条件下的农户森林经营行为研究 [D]. 福州：福建农林大学，2010.

黄和亮，2006. 林地资源的价格体系研究 [J]. 林业经济问题，26（3）：234-236.

黄和亮，王文烂，吴秀娟，2008. 影响农户参与林业合作经济组织因素分析——以福建省为例 [J]. 林业经济（9）：55-58.

黄建华，林晓霞，吴火和，等，2008. 转变林农技术行为的途径探讨 [J]. 福建林业科技，35（3）：211-215.

黄建兴，2005. 林权制度改革激活了福建林业 [J]. 绿色中国：理论版（2）：11-13.

黄丽萍，2012. 影响林农参与专业合作经济组织的因素分析——基于农户的视角 [J]. 西北农林科技大学学报：社会科学版，12（5）：73-78.

黄青，任志远，2004. 论生态承载力与生态安全 [J]. 干旱区资源与环境，18（2）：11-17.

黄森慰，2008. 私有林经营方式选择的影响因素研究 [D]. 福州：福建农林大学.

贾治邦，2008. 中国农村经营制度的又一重大变革——对集体林权制度改革的几点认识 [J]. 复印报刊资料：农业经济导刊（12）：21-23.

江晓红，2006. 杉木马尾松混交林生长效益分析 [J]. 中国林业（4A）：39-39.

江泽慧，盛炜彤，2003. 中国可持续发展林业战略研究 [J]. 绿色中国（11）：6-8.

孔凡斌，2008. 集体林权制度改革绩效评价理论与实证研究——基于江西省 2 484 户林农收入增长的视角 [J]. 林业科学，44（10）：132-141.

孔明，刘璨，2000. 福建省三明市林业股份合作制发展研究 [J]. 林业经济（1）：2.

孔祥智，陈丹梅，2008. 林业合作经济组织研究——福建永安和邵武案例 [J]. 林业经济（5）：48-52.

孔祥智，史冰清，2008. 我国农民专业合作经济组织发展的制度变迁和政策评价 [J]. 农村经营管理（11）：28-32.

拉坦，1994. 财产权利与制度变迁 [M]. 上海：上海三联出版社.

赖作卿，张忠海，2008. 基于 DEA 方法的广东林业投入产出超效率分析 [J]. 华南农业大学学报：社会科学版，7（4）：43-48.

李宏印，张广胜，2010. 辽宁省林业社会化服务体系现状调查及发展对策 [J]. 高等农业教育（6）：91-94.

李世旭，2003. 林业产权融资渠道的建立 [J]. 中国林业（23）：17.

李世友，2008. 循环经济的实践探索与发展困惑 [J]. 中国经济周刊（34）：52-53.

李周，2008. 林权改革的评价与思考 [J]. 林业经济，9（3）：8.

廖文梅，2011. 农户参与林权抵押贷款决策行为及影响因素分析 [J]. 林业经济（10）：26-30.

林剑，2006.马克思历史观视野中的生产力，生产关系及其矛盾运动 [J]. 江海学刊 (6)：29-32.

林景源，陈庆铨，林名堂，2005.尤溪县集体林权制度改革的实践与成效 [J]. 福建林业科技，32 (4)：183-187.

林琴琴，吴承祯，刘标，2011.福建省集体林权制度改革绩效评价 [J]. 林业资源管理 (3)：28-32.

林毅夫，1994.关于制度变迁的经济学理论：诱致性变迁与强制性变迁 [C]. 财产权利与制度变迁——产权学派与新制度学派文集. 上海：三联书店，上海人民出版社.

刘滨，陈池波，杜辉，2009.农民专业合作社绩效度量的实证分析——来自江西省 22 个样本合作社的数据 [J]. 农业经济问题 (2)：90-95.

刘璨，2003.金寨县样本农户效率与消除贫困分析 [J]. 数量经济技术经济研究 (12) 39-44.

刘璨，2004.1978—1997 年金寨县农户生产力发展与消除贫困问题研究——前沿生产函数分析方法 [J]. 中国农村观察 (1)：35-43.

刘璨，吕金芝，王礼权，等，2007.集体林产权制度分析——安排，变迁与绩效 [J]. 林业经济 (11)：8-13.

刘璨，吕金芝，杨燕南，等，2008.中国集体林制度变迁新进展研究 [J]. 林业经济 (5)：6-14.

刘璨，孟庆华，李育明，等，2005.我国天然林保护工程对区域经济与生态效益的影响 [J]. 生态学报，25 (3)：428-428.

卢榕泉，2008.永定县林权制度改革后林业经营方式的变化 [J]. 亚热带农业研究，3 (4)：317-320.

罗攀柱，2010.流转林地利益调整的法律社会学分析 [J]. 林业经济 (4)：9.

马世骏，王如松，1984.社会—经济—自然复合生态系统 [J]. 生态学报，4 (1)：1-9.

诺斯，1999.经济史上的结构和变迁 [M]. 北京：商务印书馆.

诺斯，杜润平，1994.交易成本，制度和经济史 [J]. 经济译文 (2)：23-28.

裘菊，孙妍，李凌，等，2007.林权改革对林地经营模式影响分析 [J]. 林业经济 (1)：23-27.

邵青还，2003.对近自然林业理论的诠释和对我国林业建设的几项建议 [J]. 世界林业研究 (6)：1-5.

沈屏，伊宏峰，戴蓬军，2013.农民家庭林业经营模式选择影响因素实证研究——以辽宁省为例 [J]. 林业经济 (5)：22.

沈月琴，李兰英，2000.浙江林业经营形式问题探讨：南方集体林区林业市场化系列问题研究之一 [J]. 林业经济问题，20 (4)：226-228.

沈月琴，朱臻，吴伟光，等，2010.农户对非木质林产品经营模式的选择意愿及其影响因素分析 [J]. 自然资源学报，25 (2)：192-199.

施化云，2002.云南省林业生产实行股份合作制的探讨 [J]. 林业调查规划，27 (4)：

91 - 95.

史冰清，钟真，2012. 农户参与不同产销组织的意愿及影响因素研究——基于鲁，宁，晋三省（区）调研数据的分析［J］. 中国农村经济（9）：4.

舒尔茨，1994. 财产权利与制度变迁［M］. 刘守英等译. 上海：上海人民出版社：253.

苏芳，尚海洋，聂华林，2011. 农户参与生态补偿行为意愿影响因素分析［J］. 中国人口·资源与环境，21（4）：119 - 125.

孙妍，徐晋涛，李凌，2006. 林权制度改革对林地经营模式影响分析——江西省林权改革调查报告［J］. 林业经济（8）：7 - 11.

陶国良，2011. 山东省集体林权制度改革效果，问题及对策［D］. 泰安：山东农业大学.

田淑英，许文立，2012. 基于 DEA 模型的中国林业投入产出效率评价［J］. 资源科学（10）：34.

万志芳，赵广，2004. 关于影响林业效率制度性因素的分析［J］. 经济技术协作信息（17）：7.

王洪玉，翟印礼，2009. 产权制度安排对农户造林投入行为的影响——以辽宁省为例［J］. 农业技术经济（2）：62 - 68.

王立平，张娜，黄志斌，2008. 农民专业合作经济组织绩效评价研究［J］. 农村经济（3）：124 - 126.

王青天，2012. 闽南山地杉木马尾松木荷混交林培育效果研究［J］. 福建林学院学报，32（4）：321 - 325.

王西玉，1999. 在家庭经营基础上深化农地制度改革——关于建立适应市场经济的农地制度的思考［J］. 中国农村经济（1）：4 - 8.

王小军，谢屹，王立群，等，2013. 集体林权制度改革中的农户森林经营行为与影响因素［J］. 林业科学（6）：49.

王小映，1999. 土地制度变迁与土地承包制［J］. 中国土地科学，13（4）：5 - 8.

王新清，2006. 集体林权制度改革绩效与配套改革问题［J］. 林业经济（6）：15 - 15.

吴继林，2008. 永安市林业融资体制改革实践与完善的思考［J］. 林业经济问题，27（4）：353 - 357.

吴静，王昌海，侯一蕾，等，2013. 不同林业经营模式的选择及影响因素分析［J］. 北京林业大学学报（社会科学版）（4）：13 - 20.

肖铭心，周志雄，2011. 南方集体林区林业合作组织新模式的理论与实践［J］. 科协论坛（下半月）（1）：123 - 125.

谢冬水，黄少安，2011. 经营式农业变迁与传统中国农业经济停滞——基于人才配置模式的探讨［J］. 财经研究，37（10）：103 - 112.

邢美华，黄光体，张俊飚，2006. 区域林业可持续发展能力评价及其应用——以湖北省为例［J］. 农业现代化研究，26（6）：418 - 421.

徐晋涛，孙妍，姜雪梅，等，2008. 我国集体林区林权制度改革模式和绩效调查分析［J］. 林业经济（9）：27 - 38.

徐秀英，石道金，杨松坤，等，2010. 农户林地流转行为及影响因素分析——基于浙江省临安，安吉的农户调查［J］. 林业科学，46（9）：149-157.

徐秀英，吴伟光，2004. 南方集体林地产权制度的历史变迁［J］. 世界林业研究，17（3）：40-43.

杨国玉，郝秀英，2006. 关于农业规模经营的理论思考［J］. 经济问题（12）：42-45.

杨汉章，童长亮，2000. 林业股份合作制是集体林区有效的公有制实现形式［J］. 林业经济问题（2）：15.

杨萍，2008. 论集体林权流转主体资格——以福建省集体林权制度改革为例［J］. 南京林业大学学报：人文社会科学版（2）：115-118.

杨永军，2006. 关于培育和发展农村林业经济合作组织的思考［J］. 辽宁林业科技（5）：40-41.

姚顺波，郑少锋，2005. 林业补助与林木补偿制度研究——兼评森林生态效益研究的误区［J］. 开发研究（1）：35-37.

银小柯，王文烂，2012. 集体行动的逻辑视角下林业联户经营投入激励分析［J］. 林业经济问题，31（5）：406-410.

袁迎珍，2004. 绝对地租理论与我国农地流转制度改革［J］. 理论导刊（2）：43-45.

曾云钦，2011. 不同经营形式下的私有林经营规模效率研究［D］. 福建：福建农林大学.

詹黎锋，杨建州，张兰花，等，2011. 农户造林投资行为影响因素实证研究——以福建省为例［J］. 福建农林大学学报：哲学社会科学版（2）：57-60.

张兵，郁胜国，孟德锋，2008. 江苏苏北农民专业合作组织绩效评价［J］. 福建农林大学学报：哲学社会科学版，11（2）：50-53.

张春霞，1994. 乡村林业股份合作经济的误区与出路——林业产权制度研究之二［J］. 林业经济问题（3）.

张春霞，许佳贤，黄森慰，等，2010. 基于木材供给生产目标下林农经营规模效率研究——以福建省杉木用材林为例［J］. 中南林业科技大学学报：社会科学版，4（2）：5-7.

张广胜，罗金，2011. 集体林权制度改革中采伐限额与林农生产决策［J］. 林业经济（12）：51-55.

张红宇，2002. 农村土地使用制度变迁：阶段性，多样性与政策调整［J］. 农业经济问题（2）：12-20.

张建国，2002. 森林经营与林业可持续发展［J］. 林业经济问题，22（3）：131-133.

张蕾，2007. 中国林业分类经营改革研究［D］. 北京：北京林业大学.

张蕾，刘璨，王丽，等，2004. 我国林业主要政策与社区林业发展案例研究［J］. 绿色中国：理论版（3）：67-73.

张蕾，文彩云，2008. 集体林权制度改革对农户生计的影响——基于江西，福建，辽宁和云南4省的实证研究［J］. 林业科学，44（7）：73.

张秀丽，谢屹，温亚利，等，2011. 中国集体林权制度改革现状与展望［J］. 世界林业研究，24（2）：64 - 69.

张志才，陈琼，2007. 福建森林资源培育合作经济组织的调查与思考［J］. 福建林业科技，34（1）：240 - 242.

章允清，2006. 卫闽林场杉木人工林经验收获表的研制［J］. 福建林业科技，33（3）：47 - 51.

赵登辉，1998. 土地可持续利用与农业政策转换研究［J］. 农业环境与发展，15（1）：1 - 5.

赵佳荣，2009. 农户对专业合作社的需求及其影响因素比较——基于湖南省两类地区农户的实证分析［J］. 中国农村经济（11）.

赵景柱，1992. 论持续发展［J］. 科技导报（10）：13 - 16.

郑德祥，谢益林，黄斌，等，2009. 森林资源资产化经营风险与防范策略分析［J］. 林业经济问题，29（5）：387 - 391.

郑风田，阮荣平，2009. 集体林权改革评价：林产品生产绩效视角［J］. 中国人口资源与环境，19（6）：107 - 114.

周俊鑫，1992. 关于山林不同经营形式的调查报告［J］. 中南林业调查规划（3）：55 - 59.

周莉，2007. 我国林业财政支出的效率研究［D］. 北京：北京林业大学.

朱再昱，曹建华，王红英，2009. 现阶段江西集体林权制度改革的评价与思考［J］. 安徽农业科学，37（5）：2250 - 2252.

Adhikari，B.，S. DiFalco，J. C. Lovett，2004. Household characteristics and forest dependency：evidence from common property forest management in Nepal［J］. Ecological economics，48（2）：245 - 257.

Arano，K. G.，I. A. Munn，2006. Evaluating forest management intensity：a comparison among major forest landowner types［J］. Forest Policy and Economics，9（3）：237 - 248.

Barzel Y，1997. Economic analysis of property rights［M］. Cambridge：Cambridge University Press.

Baskent E Z，Terzioğlu S，Başkaya Ş，2008. Developing and implementing multiple - use forest management planning in Turkey［J］. Environmental management，42（1）：37 - 48.

Beckerman W.，1994. 'Sustainable development'：is it a useful concept［J］. Environmental Values，3（3）：191 - 209.

Bourke，L.，A. E，1994. Luloff. Attitudes toward the management of nonindustrial private forest land［J］. Society & Natural Resources，7（5）：445 - 457.

Boyle，C. A.，P. Decoufle，1990. National sources of vital status information：extent of coverage and possible selectivity in reporting［J］. American Journal of Epidemiology，131（1）：160 - 168.

Brännlund，R.，R. Färe，S. Grosskopf，1995. Environmental regulation and profitability：an application to Swedish pulp and paper mills［J］. Environmental and Resource Economics, 6 (1): 23 – 36.

Carter, D. R. , F. W. Cubbage, 1995. Stochastic frontier estimation and sources of technical efficiency in southern timber harvesting [J]. Forest Science, 41 (3): 576 – 593.

Chhetri B B K, Johnsen F H, Konoshima M, et al. , 2013. Community forestry in the hills of Nepal: Determinants of user participation in forest management [J]. Forest Policy and Economics (30): 6 – 13.

Clawson M, 2013. Forests for Whom and for What? [M]. Routledge.

Coelli, T. J. , D. S. P. Rao, C. J. O'Donnell, G. E. Battese, 2005. An introduction to efficiency and productivity analysis [M]. Vol. ed. Springer.

Conway, M. C. , G. S. Amacher, J. Sullivan, D, 2003. Wear. Decisions nonindustrial forest landowners make: an empirical examination [J]. Journal of Forest Economics, 9 (3): 181 – 203.

Coulibaly – Lingani P, Savadogo P, Tigabu M, et al. , 2011. Factors influencing people's participation in the forest management program in Burkina Faso, West Africa [J]. Forest Policy and Economics, 13 (4): 292 – 302.

Dhakal, B. , H. R. Bigsby, R. Cullen, 2008. Determinants of forestry investment and extent of forestry expansion by smallholders in New Zealand [J]. Review of Applied Economics, 4 (1): 65 – 76.

Edmonds E V, 2002. Government – initiated community resource management and local resource extraction from Nepal's forests [J]. Journal of Development Economics, 68 (1): 89 – 115.

Ferro – Famil, L. , A. Reigber, E. Pottier, W. – M. Boerner, 2003. Scene characterization using subaperture polarimetric SAR data [J]. Geoscience and Remote Sensing, IEEE Transactions on, 41 (10): 2264 – 2276.

Fisher, M, 2004. Household welfare and forest dependence in Southern Malawi [J]. Environment and Development Economics, 9 (02): 135 – 154.

Fried, H. O. , C. K. Lovell, S. S. Schmidt, S. Yaisawarng, 2002. Accounting for environmental effects and statistical noise in data envelopment analysis [J]. Journal of productivity Analysis, 17 (1 – 2): 157 – 174.

Fried, H. O. , S. S. Schmidt, S. Yaisawarng, 1999. Incorporating the operating environment into a nonparametric measure of technical efficiency [J]. Journal of productivity Analysis, 12 (3): 249 – 267.

Furubotn E G, Pejovich S, 1972. Property rights and economic theory: a survey of recent literature [J]. Journal of economic literature, 10 (4): 1137 – 1162.

Gan, J. , E. Kebede, 2005. Multivariate probit modeling of decisions on timber harvesting and request for assistance by African – American forestland owners [J]. Southern Journal of Applied Forestry, 29 (3): 135 – 142.

García - Fernández C, Ruiz - Perez M, 2008. Wunder S. Is multiple - use forest management widely implementable in the tropics [J]. Forest Ecology and Management, 256 (7): 1468 - 1476.

Gyau, A. , M. Chiatoh, S. Franzel, E. Asaah, J. Donovan, 2012. Determinants of farmers' tree planting behaviour in the northwest region of Cameroon: the case of Prunus africana [J]. International Forestry Review, 14 (3): 265 - 274.

Heltberg, R, 2001. Determinants and impact of local institutions for common resource management [J]. Environment and Development Economics, 6 (2): 183 - 208.

Hetemäki, L, 1996. Essays on the impact of pollution control on a firm: a distance function approach [M]. Vol. ed. Finnish Forest Research Institute, Helsinki Research Centre.

Holthausen, R. W. , D. F. Larcker, R. G. Sloan, 1995. Annual bonus schemes and the manipulation of earnings [J]. Journal of accounting and economics, 19 (1): 29 - 74.

Jalilova G, Khadka C, Vacik H, 2012. Developing criteria and indicators for evaluating sustainable forest management: a case study in Kyrgyzstan [J]. Forest Policy and Economics (21): 32 - 43.

Joshi, S. , K. G. Arano, 2009. Determinants of private forest management decisions: a study on West Virginia NIPF landowners [J]. Forest Policy and Economics, 11 (2): 118 - 125.

Kangas A, Laukkanen S, Kangas J, 2006. Social choice theory and its applications in sustainable forest management—a review [J]. Forest Policy and Economics, 9 (1): 77 - 92.

Kao, C. , Y. C. Yang, 1991. Measuring the efficiency of forest management [J]. Forest science, 37 (5): 1239 - 1252.

Lee, J. - Y, 2008. Application of the three - stage DEA in measuring efficiency - an empirical evidence [J]. Applied Economics Letters, 15 (1): 49 - 52.

Leitch Z J, Lhotka J M, Stainback G A, et al. , 2013. Private landowner intent to supply woody feedstock for bioenergy production [J]. Biomass and Bioenergy (56): 127 - 136.

Lise, W, 2000. Factors influencing people's participation in forest management in India [J]. Ecological Economics, 34 (3): 379 - 392.

Managi, S, 2010. Productivity measures and effects from subsidies and trade: an empirical analysis for Japan's forestry [J]. Applied Economics, 42 (30): 3871 - 3883.

Menzel S, Nordström E M, Buchecker M, et al, 2012. Decision support systems in forest management: requirements from a participatory planning perspective [J]. European Journal of Forest Research, 131 (5): 1367 - 1379.

Pink, D. H, 2011. Drive: The surprising truth about what motivates us [M]. Vol. ed. Penguin.

Popkin, S. L, 1979. The rational peasant: The political economy of rural society in Vietnam [M]. Vol. ed. Univ of California Press.

Ray, B., R. N, 2011. Bhattacharya. Transaction costs, collective action and survival of heterogeneous co‐management institutions: case study of forest management organisations in West Bengal, India [J]. The Journal of Development Studies, 47 (2): 253‐273.

Schreyer, P., O. S, 2001. Directorate. Measuring Productivity: Measurement of Aggregate and Industry‐level Productivity Growth: OECD Manual [M]. Vol. ed. Organisation for Economic Co‐operation and Development.

Størdal, S., G. Lien, S. Baardsen, 2008. Analyzing determinants of forest owners' decision‐making using a sample selection framework [J]. Journal of Forest Economics, 14 (3): 159‐176.

Weyerhaeuser, H., F. Kahrl, S. Yufang, 2006. Ensuring a future for collective forestry in China's southwest: Adding human and social capital to policy reforms [J]. Forest Policy and Economics, 8 (4): 375‐385.

Yang, M.‐L, 2010. The impact of controlling families and family CEOs on earnings management [J]. Family Business Review, 23 (3): 266‐279.

Zhang, D., E, 2007. Aboagye Owiredu. Land tenure, market, and the establishment of forest plantations in Ghana [J]. Forest Policy and Economics, 9 (6): 602‐610.